FOCUS

'FOCUS'의 시간관리를 실천한

출퇴근 왕복 4시간 거리 회사를 다니면서 이직을 준비하기가 쉽지 않은 상황이었어요. **시간관리를 통해 이직 준비를 위한 시간을 만들어내기 시작했고, 8개월 만에 원하는 회사로 이직 성공**했습니다. 이전에는 시작만 하고 끝맺음이 없었는데, 시간관리 덕분에 이직에 필요한 자격증을 따고, 원하는 산업과 직무로 커리어를 바꿀 수 있었어요 - IT컨설턴트 P님

2명의 자녀를 육아하면서 저를 위한 시간을 확보하기가 너무 어려웠어요. 육아를 하다 보면 예상하지 못한 일들이 자주 생겨서, 정신없이 하루가 가다 보니까 다른 일을 못 하게 되는 거죠. 하지만 시간관리 제가 어떻게 시간을 쓰고 있는지 확인할 수 있었고, **육아를 병행하면서도 박사논문을 쓰고 박사학위를 받을 수 있었어요.** 이제는 아이들에게도 좋은 시간관리 습관을 만들어 주기 위해 노력하고 있어요. 현재는 **일과 육아를 병행**하고 있습니다. - 워킹맘 J님

이전에는 제 직무에서 성과를 내기 어렵다고 생각했고, 이러다가 물경력이 되는 건 아닐까 걱정이 많았어요. 지원업무 특성상 갑자기 들어오는 요청이나 전화 업무가 많아 매일 일을 해내기 급급했기 때문에, 성과를 낼 수 있는 업무를 하기가 어려웠죠. 하지만, 시간을 기록해 보니 오전에는 전화가 비

교적 적다는 걸 알게 되었고 중요한 업무를 오전에 배치하여 덩어리 시간을 확보했어요. **기획 시간을 확보한 덕분에 새로운 운영 프로젝트를 제안했고, 성과를 내고 정성평가 1등**을 할 수 있었어요. - 운영직무 L님

시간 기록을 하게 되면서 낭비되는 시간을 확인할 수 있었고, 어떤 업무일에 시간을 많이 쏟는지 알게 되었습니다. **저의 부족한 부분, 또는 의외로 시간을 알차게 보냈던 부분을 파악할 수 있었던 시기**였어요. 이러한 시간 배치를 피드백에 따라 조금씩 바꾸다 보니 버리는 시간도 줄어들어 보람 있는 한 달을 보냈습니다. 감사합니다. - 디자이너 S님

2달간 내가 어떻게 시간을 사용하는지 기록하면서 **스스로에 대해 객관적으로 관찰할 수 있었고 어떤 부분을 보완해가야 하는지 명확하게 볼 수 있게 되었습니다.** 커뮤니티를 통해 만난 분들과 으 으 하면서 함께 해나가니 각자가 하는 일은 다 다르지만 같은 목표를 갖고 도전할 수 있다는 기쁨도 참 컸습니다. 연말을 계획적이고 효율적으로 매듭지을 수 있게 해주셔서 감사합니다! - 지원파트 J님

Part.4 번아웃을 경험하지 않는 방법 - 피드백

Part.5 시간관리를 더욱 값지게 하는 자기계발 실천지침

intro

늘 바쁘지만,
아무 의미 없는 삶에서 탈출하자

입사 1년 차, 아침에 일어날 때마다 머리가 지끈거린다. 출근길에 오른 몸은 천근만근이다. 지옥철을 뚫고 겨우겨우 출근한다. 커피 한 잔을 삼키며 잠든 정신을 깨워본다.

무언가 잘못되었다. 야근을 일주일에 4일이나 하는데, 업무가 마무리될 기미는 보이지 않는다. 여차여차 마무리 지어도 언제나 찜찜하다. 파악하지 못한 실수는 복병처럼 숨어있다가 꼭 상사 앞에서 튀어나온다. 분명 꼼꼼하게 검토했는데.. 상사에게는 혼나고 고객인 매장주에게는 욕을 얻어먹는다. 회사로부터 도망간다면 이 처지를 면할 수 있을까.

집으로 돌아오면 새로운 고통이 엄습한다. '나는 이런 것도 제대로 처리하지 못하는 바보인가?' 상사나 고객보다 나를 더 괴롭게 만드는 질문이었다. 스스로의 정체성에 회의감이 드는 내가 바보 같았다.

'회사 생활을 이런 식으로 하면 10년 뒤에 나는 어떤 사람이 되어 있을

까? 건강이 망가지지는 않을까? 승진은 할 수 있을까? 가족과 시간을 보낼 수는 있을까?'

안타깝게도, 사회 초년생 시절의 나는 매우 불안했다. 문제를 해결하고 싶었다. 솔직히는 도망가고 싶었다. 그런데 다른 회사로 도망쳐도 동일한 어려움에 허우적거릴 것 같았다. 날마다 완전히 다른 세계에서 새롭게 시작하고 싶다는 생각을 했었다. 그러던 어느 날, 책상을 정리하면서 인턴 시절에 계획했던 인생 플랜 표를 우연히 발견했다. 내가 달성하고 싶은 이벤트 또는 목표를 1년 단위로 적어둔 계획표였다. 잊었던 인턴 시절이 떠올랐다. 인턴의 마음속에 살아있던 초심도 떠올랐다.

누군가 보기에 현실적이지 못하더라도, 한 해 한 해 목표를 세워 60살까지의 여정을 가득 채워 넣은 계획표는 나에게 큰 인사이트를 주었다. 인생을 되돌아보니 내 삶은 계획표에 적힌 방향대로 나아가고 있었다. 허덕이고 벅찼던 순간들이 수없이 많았지만, 내 삶은 차츰차츰 전진하고 있었다. 누구도 부인할 수 없던 사실이었다.

사실을 깨닫자, 불안과 조급에게 밀려났던 안정을 되찾았다. 그때부터 나는 연도별 목표를 세우기 시작했고, 목표 달성을 위한 도전을 시작했다. 불안-안심-도전. 일련의 심리적 변화를 거치고 나서, 시간을 기준으로 인생을 계획하는 방식이 나를 관리하는 효과적인 방법임을 깨달았다.

나는 결심했다.

시간을 잡아야겠다. 시간을 잡으면, 모든 걸 잡을 수 있다.

많은 사람들이 시간관리의 필요성을 느낀다. 그러나 정작 왜 시간을 관리하는지에 대해서는 깊이 생각하지 않는다. 시간관리는 단순히 나를 쉴 새 없이 움직이게 만드는 감독관이 아니다. 우리를 여유롭게 살게 하고, 불필요한 조급증과 두려움으로부터 해방시키는 게 시간관리의 순기능이다. 이전에는 몰랐던 자신의 모습을 깨닫고, 스스로의 강점과 약점을 강화/보완시키는 힘이 시간관리에 있다.

우리의 목적은 분주한 삶이 아니다. 여유 있는 삶과 풍성한 하루. 더 많은 일을 수행하고, 깊은 의미를 남기는 삶이 시간관리의 궁극적 목표이다.

우리는 시간관리를 통해 나에게 알맞은 시간 사용 방법을 알 수 있고, 생산성이 높은 순간을 파악할 수 있으며, 나를 나답게 만들어 주는 특정 환경과 팀워크가 무엇인지 분석할 수 있다.

시간관리는 다음 3가지를 전제로 한다.

1. 관리하지 않으면, 시간은 흘러가 버린다.
2. 시간을 관리하지 않고는, 여유를 찾을 수 없다.
3. 시간을 관리하면, 의미 있는 성과를 낼 수 있다.

인생에는 2가지 시간이 있다. 통제할 수 있는 시간과 통제할 수 없는 시간. 통제할 수 없는 시간은 누구에게나 찾아온다. 그러나 나는 단언한다. 그 어떤 상황에서도 우리는 시간을 관리할 수 있다. 어찌할 수 없는 상황에 처해도 정신만 차리면 충분히 시간을 관리할 수 있다.

워라밸이 강조되는 시대에 시간관리 기술이 결여되었다면, 우리의 삶은 순식간에 의미 없는 시간으로 가득 차 버리게 될 것이다. 우리의 삶을 바꿔보자. 더 생산적으로 더 건설적으로. 생산적이라는 단어가 부담스럽고 어렵게 느껴지는가. 다른 말로 표현해 보겠다. 우리의 삶에서 여유를 만들어 내보자. 쉽고 재미있는 삶을 살아보자.

내가 제시하는 시간관리 기술은 '기록 - 목표 설정 - 피드백' 3가지 프로세스를 반복하면서 '몰입'을 만들어내는 기술이다. 몰입하는 사람은 즐겁다. 몰입을 통해서 참된 가치를 발견하고, 남들이 할 수 없는 일을 성취해낸다. 남들과 다른 삶을 살고 싶지 않은가? 아득한 이야기처럼 느껴져도 괜찮다. 나에게도 멀고 먼 이야기였다. 그러나 내가 해내었듯이 당신도 해낼 수 있다.

시간에 집중하면 이전에 보이지 않던 세계가 보인다. 중단하거나 없애야 할 시간이 드러나고, 집중해야 할 시간이 가려진다. 시간으로 당신의 삶을 들여다보아라. 오늘을 재해석하고 내일을 계획해보아라. 우리는 이 책을 통해 당신의 도전이 성공하도록 방법과 예시, 일화를 소개할 것이다. 평소에 생각해보지 못했던 색다른 시각도 제안해보겠다.그 중에는 평소에 생각해보지 못했던 색다른 시각을 제안하는 내용도 있을 것이다. 책의 내용이 당신의 이야기로 승화되기를 기대해 본다.

우리의 도전은 멈추지 않는다. 더욱 생산적인 삶과 의미로 가득 찬 삶을 향해, 수많은 사람들과 한 걸음 한 걸음씩 내딛는 모험은 오늘도 계속된다. 멈추지 않는 우리의 여정에 당신의 걸음도 함께하기를 바라며, 내가 걸었던 길을 공유해본다.

PART 1

내 인생을 바꾼
시간관리

Make your time more alive

Chapter 01

'바보' 소리를 들으면서도 버틸 수 있었던 이유

내가 이렇게까지 시간관리를 하게 된 스토리

구체적인 시간관리 노하우를 소개하기에 앞서, 왜 내가 시간관리를 시작했는지에 대해 이야기해 보고자 한다.

고등학생 시절부터 나의 목표는 한 가지였다. 바로 '성공'. 대학교에 진학하고 나서 선배들에게 성공의 길을 물었다. 선배들 중에는 몇몇 스포츠 기자로 활동하던 분들이 계셨다. 기자 선배들은 자신들의 연봉을 말해주었는데, 그 액수는 내가 바라던 성공과 가까워 보였다. 스포츠 기자, 카메라 앞에서도 막힘없이 말할 수 있는 나에게 잘 맞는 직업 같았다. 전 세계를 돌아다니며 취재하는 기자 생활도 멋있어 보였다. 나는 그렇게 스포츠 기자를 꿈꾸었다.

꿈을 이루기 위해 언론고시를 준비했다. 고시 3년 차였던 대학교 3학년 겨울방학, 개인적인 이야기이지만 예수님을 만나게 되었고 내 삶의 모든 기준이 바뀌게 되었다. 성공만이 유일한 가치였던 내 삶에, 성공보다 중요한 가치들이 들어오기 시작했다. 가족과 함께 지내는 시간 그리고 주일 성수 같은 새로운 가치들이었다. 새로운 가치들은 나를 새롭게 충족시켜 주었다. 사회적인 인정과 많은 돈벌이가 줄 수 없는 충족감이었다. 양보할 수 없는 새 가치를 쫓으면서 행복하게 신앙생활을 해나갔다.

신앙생활을 하면서 언론고시를 준비하던 중, 유명한 스포츠 기자였던 선배를 만났다. 선배는 한참 동안 스포츠 기자라는 직업의 장점을 이야기하셨다. 한참을 듣다가 무심코 단점을 물어보았다.

"단점은 딱히 없는데…, 주말이 없는 거?"

"주말이 없어요?"

"빅 이벤트가 다 주말에 있으니까. 기자라면 자진해서 주말을 반납해야지"

"그럼 평일에는 쉬어요?"

"평일에도 못 쉬지. 매일 일하는 거야."

대학교에 입학하고 나서 여태까지 기자만 준비했고, 나에게 잘 맞는 일이라 생각했는데 어쩌면 스포츠 기자는 내 인생과 상관없는 이야기일 수도 있겠다고 생각했다.

"그거 말고도 안 좋은 거 없나요?"

선배는 한참을 고민했다.

"가족을 못 만나"

고민 끝에 나온 방점이었다.

"와이프가 임신 7개월인데 임신하고 나서 얼굴을 한 번도 못 봤어. 마드리드에 몇 개월, 런던에 몇 개월 이리저리 다니며 체류해야 하는데 가족을 만날 시간이 없지"

그날로 3년간 준비하던 언론고시를 때려치웠다. 가족과의 시간이 없을뿐더러, 주일 성수를 지키지 못하기 때문이었다. 오랜 기간 준비하던 꿈을 단번에 접었다. 잃어버린 마음의 자리에 상실감이 찾아와 잠시 방황하기도 하였다. 방황하던 중에, 운이 좋게도 캠퍼스 리크루팅을 나왔던 이랜드 채용팀을 만나게 되었다.

채용팀과 이런저런 이야기를 나누었다. 그분이 내 얘기를 듣더니 우리 회사에 적합한 인재 같다고 정식으로 지원해보라고 말씀하셨다. 나는 단순하게 그분의 말만 믿고 인턴십 프로그램에 지원했다. 당시 인턴십 프로그램 중에, 입대하기 전 정규직으로 전환하고 제대하고 나서 정식으로 입사하는 프로그램이 있었다. 이랜드에 적합한 인재여서였을까 나는 덜컥 인턴십 프로그램에 합격해버렸다.

합격 후, 인턴십 교육을 수료하기 위해 설악산에 위치한 호텔로 이동했다. 호텔에서 회사의 비전을 처음 접했는데, 그 비전이 너무 멋있었다. 아직도 슬로건이 기억난다. 당시는 이랜드가 중국에 갓 진출한 때였다. 사업을 막 시작할 때, 어려운 환경에서도 중국에 대한 비전을 품는 모습이 너무 멋있어 보였다. 난생처음 비전에 홀려 '여기다! 연봉과 상관없이 이 비전에 내 인생을 걸겠다!'고 굳게 결심했다. 그때 유명한 S기업 채용팀으로부터 회사에 지원해보라는 말까지 들었지만, '이랜드의 비전에 동참해보리라'는 부푼 꿈과 확신을 품고 20대의 열정으로 이랜드에 입사했다. 그리고 나는 회사에 적응하지 못했다.

나의 불안했던 사회 초년생 시간들

내가 처음 배치받은 곳은 P사업부였다. P사업부는 모든 직원들이 가고 싶어하는 사업부였다. 워낙 성과가 좋았고, P브랜드가 이랜드 브랜드라는 사실을 아는 사람들이 없을 정도로 이랜드보다 훨씬 브랜딩이 잘 되어 있었기 때문이다.

그런데 나는 P브랜드가 나에게 어울리지 않는 브랜드라고 느껴졌다. 그래서 P보다는 나와 조금 더 어울리는 E브랜드로 보내달라고 요청했다. 당시 E브랜드를 비롯한 캐주얼 사업부는 성과가 저조한 사업부였다. 나는 비전을 보고 입사했기 때문에 사업부의 성과는 나에게 중요하지 않았다. 어쩌면 "내가 가서 브랜드를 키우겠다"는 근거 없는 자신감도 있었을지 모른다.

부서이동을 위해 대표이사님과의 면담을 요청했다. 이사님은 '이런 생각을 하는 신입사원을 너무 오랜만에 만났다'며 굉장히 좋아하셨다. 곧바로 신규 브랜드로 배치해주셨는데, 신입 사원이 신규사업부로 배치되는 일은 굉장히 이례적인 일이었다.

이례적인 역사를 남기며, 나는 수많은 우여곡절을 겪기 시작했다. 신규 브랜드다보니 일을 가르쳐주는 사람이 한 명도 없었다. 보통의 경우, 한 브랜드 당 직원이 15명에서 50명까지 배치되어 있지만 내가 맡은 부서의 직원은 10여 명의 작은 조직이었다. 정말 작은 브랜드였다. 그래도 다 같이 끈끈하고 열정적으로 일했었다. 많이 배웠고 동시에 너무 즐거웠던 시간이었다. 그러나 실적이 좋지 않아 결국 6개월 만에 브랜드를 접게 되었다. 브랜드가 사라지고 나는 공중에 붕 떴다. 애정을 가지고 재밌게 일해도 성과가 좋지 않으면 애정 어린 동료들과 헤어져야 된다는 사실을 뼈저리게 깨달았던 순간이었다. 지금도 그날의 퇴근길이 기억난다. 집으로 가는 버스에서 펑펑 울었다.

시간이 지나 다음 거치를 놓고 대표이사님과 면담했다. 나는 대표이사님께 '실패로 인한 헤어짐이 싫습니다. T브랜드장님 밑으로 이동시켜 주십시오.'라고 말씀드렸다. T브랜드장님은 정말 탁월하신 분이었기 때문에, 그 분 밑이라면 많은 것을 배울 수 있을 것 같았다. 대표이사님은 내 말을 듣더니 웃으시면서 '나는 준희 씨의 실패 경험을 새로운 런칭에 쓰고 싶어요'라고 말씀하셨다. 생각지도 못한 답변이었다. '거기서 실패했다고 생각하겠지만 신규브랜드 론칭은 엄청난 경험입니다. 나는 준희씨가 잘할 수 있다고 믿어요. 다음 신규 브랜드 런칭으로 다시 도전해보세요.' 대표님의 권유로 나는 또 다시 신규 브랜드로 배치받았다.

배치를 받아보니, 완전 신규 브랜드는 아니었고 E브랜드보다 먼저 런칭한 C브랜드였다. 나는 프랜차이즈 매니저 담당이 되어 새로운 일을 맡았다. 업무는 인샵이라고 하는 백화점, 아울렛 매장 14곳을 혼자 책임지는 일이었는데, 매장의 매출과 투자자들을 직접 관리하는 일이었다. 그때부터 바보의 고난이 시작되었다.

브랜드장님은 S사에서 승승장구하던 MD이셨다. 그래서인지 S사 특유의 날카로운 분석을 나에게 요구하셨다. 그 분 밑에서 굉장히 힘들게 일을 배웠다. 밤 11시 이전에는 퇴근한 적이 없었다. 말 그대로 밤을 새우며 일했다. 모두 12시를 회사에서 넘기고 퇴근했기 때문에, 어쩌다 혼자 11시 반에 퇴근하는 날이면 미안한 마음으로 집으로 돌아갔던 기억이 난다. 일은 고되었지만, 유능하신 브랜드장님 덕분에 똑똑하게 일을 배울 수 있었다.

나는 배워야 할 게 너무 많았다. 바꿔서 말해보면 아는 게 없어 실수가 잦았다는 말이다. 실수가 잦아서 브랜드장님에게 혼도 많이 났지만, 그래도 브랜드장님과 일할 때는 희망이 있었다. 자주는 아니더라도 1년에 1번씩 이렇게 격려해주셨기 때문이다.

"너의 어려운 상황을 나도 안다. 그런데 너에게는 이러이러한 잠재력이 있다. 네가 처한 이 문제를 돌파하면, 아마도 이런 성장을 하게 될 것이다."

혼나고 깨져도 브랜드장님과 함께라면 계속 일하고 싶었다.

그러던 어느 날 브랜드장님이 더 큰 사업부의 책임자로 발탁되셨다. 동시에 다른 분들의 인사이동까지 겹쳤다. 갑작스러운 일이었다. 나를 제외한 모든게 바뀌었다. 이때부터 고난이 더 심각해졌다. 예전에는 일을 못 하더라도, 상사와 동료를 의지할 수가 있었다. 모르면 물어볼 수 있었고 주변에서 도와주시기도 했다. 계속 혼은 났지만 동시에 성장해나갔었다. 하지만 멤버들이 새로 구성된 후로, 나는 철저하게 외면받고 말았다. 새로운 멤버들끼리는 죽이 잘 맞았는데, 나만 있으면 합이 깨지는 느낌이 들었다.

일하는 방식도 맞지 않았다. 사명감 없이 돈만 보고 일했다. 수익이 날 기미가 보이지 않으면 사업을 바로 접어버리기 일쑤였다. 물론 사업적 판단은 당연히 해야 한다. 하지만 당시 나의 관점으로는 사업적 판단의 차원을 넘어, 상도에 어긋나 보이는 경우도 종종 있었다. 일에 몰입하지 못하는 날의 지속이었고 수많은 어려움의 연속이었다.

어려움이 계속되던 중 사건이 터졌다. 당시 나와 함께 일하던 동기는 이미 다른 브랜드에서 일을 배우고 온 친구였다. 나보다 일을 더 잘하니, 반짝반짝 성과가 눈에 띄는 일은 이 친구가 다 가져갔고 나는 동기의 뒤치다꺼리를 하는 신세로 전락했다. 그날은 추석 전날이었다. 동기는 휴가를 떠났다. 갑작스런 연락이었다. 입고계획에 없던 상품이 입고되었다는 소식이었다. 원래라면 동기가 처리했겠지만, 휴가를 떠나 자리에 없었으니 내가 입고된 상품을 전국 매장에 뿌렸어야 했다. 추석을 앞둔 상황이라 물류센터가 문을 닫기 전에 급히 배송해야 했다.

나는 서둘러 분배장을 적었다. 전국 수십 개의 매장에 발송할 리스트를 급하게 작성했다. 정말 중요한 업무였다. 그런데 실수를 저질렀다. 분배장을 제대로 작성하려면, 매장별 매출 추이를 보고 상품이 잘 팔리는 곳에는 더 많은 양을, 상품이 덜 팔리는 곳에는 더 적은 양을 발송해야 했다. 그런데 내가 모든 매장에 동일한 양을 입고시켜 버린 것이다. 업무를 디테일하게 계획했어야 했는데, 너무 기계적으로 처리하고 말았다. 굳이 변명하자면, 나는 고려할 요소가 있다는 사실을 몰랐고, 또 모두 나에게 '빨리 뿌려'라며 고려요소에 대한 언질 없이 재촉만 했기 때문이다. 나도 문제였다. 분배장을 적어본 사람에게 질문할 수도 있었는데, 질문 없이 단독적으로 일을 처리한 게 대표적인 문제였다.

브랜드장님은 내가 분배장을 잘못 짜는 바람에 추석 매출이 꺾였다며 폭발하셨다. 전 사업부 앞에서 소리를 지르셨다.

"저 바보 같은 놈한테 앞으로 일도 주지 마! 사고 쳐서 안 되겠다."

동기들이 찾아왔다. 어깨를 두드리며 '힘내' '용기를 내봐'라고 격려해주었다. 나는 그 격려가 더 비참했다. 진짜 죽고 싶었다. '나는 정말 무가치한 존재구나. 나는 왜 이렇게 바보 같을까. 회사를 계속 다닐 수는 있을까?' 스스로의 존재 자체에 대한 의문과 회의가 머리를 가득 채웠다.

출근길에도 퇴근길에도 회사에서도 집에서도, 계속해서 내 존재에 대한 의문이 떠올랐다. 떠오르는 의문에 답을 내놓지 못한 나는 결국 퇴사를 결심했다. 그런데 와이프에게 퇴사하겠다고 말하자 와이프는 무섭다며 퇴사를 말렸다. 둘 다 너무 어린 나이였으니 충분히 무서울 만했다. 와이프의 무섭다는 말을 듣자, 속주머니에 넣어둔 사직서를 도저히 내밀 수 없었다. 가장으로서 최소한 와이프를 두렵게 만들지 말아야겠기에 꾸역꾸역 직장생활을 버텼다.

시간관리밖에 할 수 있는 게 없었다

내 동기는 6명이 있었다. 6명 중에 나만큼 힘든 사람은 없었던 거 같다. 각자 힘든 일이 있었지만, 내가 느끼기에는 내가 제일 힘들었다. 동기들이 넋두리를 풀어놓을 때면 뭐가 힘든지 전혀 못 알아듣는 지경이었으니, 내 추측이 틀리지 않았을 것이다. 다른 사람과 하는 일은 똑같은데 생산성은 떨어지고 성과도 내지 못하고, 맨날 야근만 하는 게 많이 힘들었다.

진짜 미칠 것 같았다. 무엇을 해야 될지는 모르겠고, 그렇다고 퇴사는 못하고… 현재 처한 상황에서 내가 할 수 있는 '가능한' 일을 찾을 수밖에 없었다. '무엇을 할 수 있을까' 절망 속에서 떠오른 장면은 신입 때 받은 시간관리 교육이었다. 시간관리… 따지고 보니 내가 할 수 있는 건 시간관리밖에 없었다. 다른 일은 아무것도 못 할 것 같았다. 매장주랑 협상도 못하겠고 그들이 해결해 달라는 요청도 들어주지 못하겠고, 보고를 어떻게 해야 될지도 모르겠고… **아무것도 모르겠는 상태에서 그럼에도 불구하고 할 수 있는 건 그저 '시간관리' 뿐이었다.**

이렇게 지푸라기라도 잡는 심정으로 시간관리를 시작했다. 대단한 결심으로 시작한 게 아니라, 그저 살기 위해서. 뭐라도 해야 하는데, 내가 가치 있는 존재라는 사실을 나 스스로 증명하고 싶은데, 더 이상 바보같이 살기 싫은데, 할 수 있는 게 아무것도 없어서 지푸라기라도 잡는 심정으로 시작했다. 초라한 시작이었다.

처음 시작한 내 시간관리의 수준은 현실인식 정도였다. '업무를 처리하는 데에 오랜 시간이 걸리는구나, 이런 시간을 안 쓰고 있구나, 대기 시간이 많구나' 하는 수준에 그쳤다.

물론 이 수준의 시간관리로 당면한 문제를 해결하기는 어렵다. 하지만 낮은 수준의 시간관리에도 힘든 시간을 버틸 수 있는 힘이 있었다. 시간을 관리할 때만큼은 나는 온전히 나에게 집중할 수 있었다. 내가 지금 회사생활을 어떻게 하고 있는지, 무엇 때문에 힘든지 혼자서 돌아보는 시간이 나에게 버틸 힘을 주었다. 직장에서 혼나고 진짜 죽고 싶어질 때면, 옥상에 올라가 소리를 지르곤 했다. 그때마다 죽지 않고 마음을 다잡을 수 있었던 이유는 '시간기록'을 손에 들고, 펴고, 적고, 닫는 시간 덕분이었다.

시간관리를 계속하면서 만나게 된 기회

그렇게 시간관리를 하면서 버티고 있던 와중에 인사팀 그룹 본부에서 이메일이 하나 발송되었다. 그룹 본부에서 전 직원을 대상으로 정기면담을 진행 중인데, 곧 내 차례라는 내용이었다. 이랜드는 직원 한명 한명을 케어하는 것에 대단히 중요한 가치를 두고 있던 회사였기 때문에 정기적으로 전 직원을 대상으로 면담을 진행했었다.

나는 면담을 준비하면서 부서이동을 원하느냐는 질문 칸에 Yes라고 적어넣었다. 내 부서에서 도망치고 싶었다. 그리고 인재개발팀이나 교육팀으로 가고 싶다고 써넣었다. 회사에서 교육을 받을 때면 교육하는 교관들이 멋있어 보였고 나도 잘할 수 있을 것 같았기 때문이다. 내가 욱여넣은 답을 보고 CHO[그룹 인사 최고 책임 임원]님은 나에게 채용팀은 어

시간 기록 예시(1) 팀원 때 시간 기록

	시간 기록	할 일
4		☒ A 매장주 통화
5		☑ 보고서 작성
6		☑ 메일 확인
7		→ 발주 리스트 정리
8	출근	
9	보고서 작성	주어진 일을 다 끝내지 못했다..
10		매장주와 통화가 제일 중요한 업무였는데,
11		가장 어렵고 자신없어서 미루다가 못했다.
12	점심식사	못해서 욕 먹나, 하고 욕 먹나...
13	대기	차라리 하고 욕먹고 배우자... 내일부터 1순위로 처리하기!
14		
15	발주 리스트 정리	보고 느낀 것
16		보고서 작성에 시간이 너무 오래걸린다.
17	메일 확인	동기는 1시간 걸리는걸 나는 3시간이나 걸리는게 속상
18	? (기억안남)	심지어 이렇게 완성한 보고서도 레이아웃이나 폰트 가독성이
19	저녁식사	떨어진다는 피드백 받음.. 나는 뭘 잘하는지 모르겠다.
20		-> 부족한 만큼 더 많이 학습하고 노력하자..!

적용할 것	감사한 일
동기들에게 보고서 작성 노하우 물어보고	보고 배울 수 있는 동기들이 있어서 감사
핵심 원리 정리하기	부족한 만큼 성장 가능성이 높음에 감사

떠냐고 물으셨다. 예상외의 제안이었지만 나는 당연히 해보고 싶다고 답했다.

면담이 마무리되고, 한동안 아무 얘기도 없었다. 몇 개월 지나, 회사의 큰 이벤트인 사업부 체육대회가 열렸다. 나는 축구경기에 참여해서 mvp를 차지했다. 신입사원 장기자랑 시간도 있었는데, 용감하게 무대에 나가서 춤을 추었고 다행히도 폭발적인 반응을 얻었다. 대표이사님도 그 자리에 계셨는데, 나를 보면서 '사람들을 즐겁게 해주는 모습을 보니, 다른 이들을 잘 서포트할 수 있는 인재이다'고 생각하셨던 것 같다. 장기자랑을 계기로 본격적인 인시팀으로의 발령이 논의되었다.

당시 대표이사님은 인재경영에 대해 '인재를 키우는 것'보다는, '법인본부 패션사업부에서 직원들을 즐겁게 도와주는 막내' 정도로 이해하셨던 듯하다. 지금 돌아보면 인사적인 관점이 근시안적이셨던 것이다. 하지만 다행스럽게도 대표이사님의 인사적 관점은 나에게 기회가 되어, 인사 트랙으로 직무를 변환할 수 있었다. 인사로 직무를 변경한 지 3개월이 채 안 되었을 때, CHO실에서 나를 그룹 채용팀으로 발탁했다. 완전히 새로운 필드가 열린 것이다. 바보 소리를 들으며 쌓아온 '시간관리'는 새롭게 발탁된 곳에서 꽃을 피우기 시작했다.

Chapter 02

시간관리로 인생을 바꿨다

시간관리 하면서 버텨왔던 시간이 나에게 준 선물

처음 채용팀에 발령받았을 때, 내 동기가 팀의 핵심적인 기획자였다. 채용팀장님은 내가 인턴교육을 받을 때 입사하셨던 분이었다. 그룹 채용팀은 굉장히 고성과 팀이었다. 항상 인정받던 팀이라 혁신적인 도전을 다양하게 시도할 수 있는 팀이었다.

동기는 정말 일을 잘했다. 그 사람을 따라 하면서 많은 것을 배웠다. 빠르게 일하는 방법, 어떤 일을 먼저할지 결정하고, 업무를 기획하는 방법 등.. 새로 배운 내용들을 여태 해오던 시간관리에 적용하기 시작했다. 그러다가 동기가 다른 부서로 이동하게 되면서 어쩔 수 없이 내가 기획 역할을 떠맡게 되었다. 팀장님도 다른 부서로 이동하셔서, 팀장님과 선배 한 분이 새롭게 채용팀에 오셨다. 새로운 팀이 꾸려졌는데, 기존의 채용 히스토리를 아는 사람은 나밖에 없었다. 상황이 이렇다 보니, 내가 능력이 있건 없건 채용을 기획해야만 하는 처지에 놓였다. 나는 우선 기존에 있던 프로세스를 내 중심으로 다시 설계했다. 모든 프로세스를 내가 주도하게 된 것이다. 기획도 하고 주도도 하니, 업무의 큰 그림이 한눈에 들어오게 되었다. 그리고 곧 성과가 나기 시작했다.

성과를 내기 시작하자 CHO님이 나를 불렀다.

"교육 팀장을 맡으면 좋겠다. 네가 채용에서 두각을 나타내는데 이제는 교육을 한번 해봐라."

그 당시 교육팀장은 내 선배였다. 선배는 사업부로 배치되었고, 내가 교육 팀장을 물려받았다. 대리로 승진 한 날이었다.

그렇게 승진하자마자 얼떨결에 팀장을 맡았다. 팀장이 되자 새로운 방식의 시간관리가 필요함을 느끼게 되었다. 기존의 방식으로는 시간을 관리하기가 역부족이었다. 새롭게 시간을 관리해보니 팀원들과의 면담시간이 부족하다는 사실을 알게 되었다. '나는 일만 하는 무능한 팀장이구나' 시간 기록표를 보며 후회도 많이 했다. 팀원들을 케어하기 위해 팀원들에게도 시간기록을 시켰다. 팀원들이 기록표를 가져오면, 그들의 시간을 뜯어보아 일을 더 빨리할 수 있도록 코칭해주었다. 코칭을 하다

시간 기록 예시(2) 팀장 때 시간 기록

시간 기록	
4	
5	
6	출근
7	기도
8	A1
9	
10	B2
11	B3
12	점심
13	A2
14	
15	A3
16	
17	B1
18	저녁식사
19	
20	

할 일

- ☑ A1 ES 리뉴얼 보고
- ☑ A2 리더십 스쿨 방향 보고
- ☑ A3 ES 내재화 컨설팅
- ☑ B1 인턴십 확인
- △ B2 K님 미팅
- △ B3 L님 미팅

A : 메인과업
B : 인재 개발

추가 미팅이 필요했으나 내 메인 과업에 집중하느라 미팅 진행 못함. 팀원들 케어하면서 메인 과업도 놓치지 않는 팀장이 되고싶은데.. 아직 멀었다.

보니 내 손은 자연스럽게 시간관리를 계속 붙들게 되었다.

교육팀장을 하면서 사내 시간 관리 강사도 맡았었다. 강의자리에서 내 시간관리를 공개하는 경우가 종종 있었는데, 공개할 때마다 청중들이 충격을 받고 자극을 받았다. 시간관리 강사로서 당당히 내 시간관리 표를 보여주려면 우선 내가 시간관리를 잘해야 되었다. 이러저러한 이유들로 나는 자의 반 타의 반 열심히 시간을 관리해 나갔다.

꾸준히 시간을 관리하자, 내 개인성과가 향상되었다. 뿐만 아니라 팀

시간 기록 예시(3) 시간관리 강사 때 시간 기록

MONTHLY FEEDBACK JULY 2015 *JTM Ver.4.1*

▣ **MONTHLY OATE** | 69% | BA |

영역	목표	DRIVER	계획	사용	%	피드백	
영적	**WPS 15% 달성**	WPS	15%	11.7%	**78.1%**	**AC**	휴가를 사용해서 많이 올랐다.
	이랜드 리더십 수련회 ORGANAZER	말씀	5%	3.4%	**68.0%**	**BA**	성경통독의 이유는 기도하기 위함이다.
		BM	5%	2.3%	**45.8%**	**BC**	이랜드 사역은 중요한 사역이다.
지적	**매일 TPT성경 소리내어 읽기**	어학	2%	0.2%	**8.5%**	**F**	일단 시작했다! 시작이 반이다!
	필독서 4권	필독서	3%	3.0%	**100.9%**	**AA**	휴가와 아이패드라는 도구를 발견했다!
	JTM Ver.4.0 완성	연구	2%	2.7%	**136.9%**	**AA**	버전 4.1을 만들었다. ㅎㅎ
사회적	**F2 매칭**	KRS	2%	0.8%	**42.0%**	**BC**	매칭에는 실패했다.. 개념이 없다.
	건설사창업 컨설팅 업체 방문						창업 컨설팅사는 의미 없음
	창조경제 연구센터 방문						창조경제 연구센터도 의미 없음
신체적	**자전거 출퇴근 16회**	운동	3%	2.2%	**73.3%**	**AC**	자전거, 축구, 3P는 몸관리의 근간이다.
	몸무게 80KG						*※3P : PUSH UP, PULL UP, PLANK*

Driver	sub total	%
영적	177:28	21.1%
지적	183:55	21.9%
사회적	98:26	11.7%
신체적	332:41	39.6%
기타	47:18	5.6%
Total	**839:48**	

영적	sub total	%
예배	37:09	4.4%
기도	32:42	3.9%
말씀	28:34	3.4%
성도연합	57:52	6.9%
전도	1:58	0.2%
BM	19:13	2.3%
Total	**177:28**	**21.1%**

지적	sub total	%
공지/소통	14:00	1.7%
필독서	25:26	3.0%
어학	1:26	0.2%
연구	23:00	2.7%
프로젝트	109:23	13.0%
HRM	10:40	1.3%
행정		
Total	**183:55**	**21.9%**

사회적	sub total	%
아내랑	46:13	5.5%
관계	12:36	1.5%
팀소통	19:43	2.3%
KRS	7:03	0.8%
면담	8:10	1.0%
행사	4:41	0.6%
Total	**98:26**	**11.7%**

신체적	sub total	%
식사	28:38	3.4%
운동	18:28	2.2%
클리닉	0:45	0.1%
잠	258:06	30.7%
휴식	26:44	3.2%
Total	**332:41**	**39.6%**

기타	sub total	%
이동	38:19	4.6%
현장이동	1:15	0.1%
남일대신함		
반복위기		
낭비	0:22	0.0%
기타	7:22	0.9%
Total	**47:18**	**5.6%**

SPJ
16
PSD
16
CYCLE
6
JFP
4
working
23.2%

의 성과 또한 향상되기 시작했다. 내가 속했던 팀은 중간중간 삐끗한 적도 있었지만 대부분 좋은 성과를 내었다. 나도 승진이 빨랐고, 팀원들도 승진을 잘했다.

회사 내에서 점점 중책으로 성장해가는 와중, 회장님의 호출이 있었다. '원칙을 세워달라' 회장님의 지시였다. 그때부터 나는 사내 기준을 잡기 위해 교육 효과, 수료기준, 만족도 등 모든 걸 수치화하기 시작했다.

사실 수치화는 내가 교육팀을 맡기 전부터 회장님이 요청했던 작업이었다. 그동안 어렵다는 이유로 수치화를 하지 않았던 것이다. '교육을 어떻게 수치화하느냐'는 인식이 회사의 기존 인식이었다. 그러나 나는 시간을 가지고 내 삶을 수치화하는게 숙달된 사람이었다. 내 눈에는 수치화가 충분히 가능할 뿐 아니라 어렵지도 않아 보였다.

'이건 이렇게하고 저건 저렇게 하면 모든 걸 수치화할 수 있지 않을까?' 수치화가 불가능하다고 생각했던 팀원들과 회의를 하며 하나하나씩 원칙을 세워나갔다. 그때의 커뮤니케이션이 아직도 좋은 기억으로 남아있다.

수치화 프로젝트를 진행하며 만족도, 시간기록, 인증률, 심지어는 도전하는 자세까지 모두 다 향상되었다. 향상된 내용은 모두 수치화되어 숫자로 표현되었다. 모든 숫자 값이 올라가면서 결과적으로 사내 인재의 수준이 올라가게 되었고, 그룹의 질적 성장 또한 견인되었다. 회장님도 굉장히 만족해하셨고 그룹 또한 만족해했다.

지금의 내가 있기까지 함께한 건 시간관리였다

그 후, 나는 계속해서 최고의 성과를 낼 수 있었고 많은 사람들에게 인정받을 수 있었다.

29세 대기업 교육팀장, 31세 그룹 인재개발팀장, 주요 법인 최연소 인사팀장, 초고속 승진, 36세 30대 대기업의 최고인사책임자. 청년 취업문제와 커리어 고민을 함께 해결하는 독보적인 유튜버. 지금의 나를 표현하는 수식어들이다. 화려해 보이는 경력은, 나의 실력이나 능력으로 이룬 성취라기보다는, 배운 대로 성실히 실천하는 과정에서 부여된 훈장이라고 보는 게 더 적절하다고 생각한다.

어린 나이에 팀장을 맡게 되었고, 나보다 나이 많은 팀원들을 지휘해야 하는 부담스러운 역할과 이전에 없었던 성과를 내야 하는 상황 속에서 시간은 나에게 너무나 중요하고 희소한 자원이었다. 나는 언제나 마감시한을 맞춰야 했고, 주어진 시간은 보통 일주일 이내였다. 실무를 위한 온갖 미팅 스케줄이 내 시간표를 도배하고 있었고, 팀원들은 나와의 미팅을 기다리고 있었다. 멋진 팀장은 쿨하게 워라밸도 지켜주고, 정서적인 케어도 해준다는데, 팀원들을 케어하긴커녕 나조차 돌보지 못해 일하기 위해 숨 쉬는 로봇 같은 삶을 살았다.

언제까지 이런 스케줄을 소화할 수 있을까 고민했고, 주어진 성과를 달성할 수 있을지는 늘 미지수였다. 어렸기 때문에, 회사의 기대에 부응해야 한다는 강박관념도 있었고, 체육과라는 나의 전공은 자격지심으로 나를 더 압박했다. 이 절체절명의 상황을 뛰어넘기 위해 내가 선택한 방법은 시간의 재설계였다.

이 책을 읽는 독자분들도 한 번쯤은 일과 여가생활의 균형 있는 삶에 대해 고민했을 것이다. 나에게 있어 비슷한 맥락의 고민은 일과 신앙, 관계의 균형이었다.

너무 바쁜 회사생활을 두고 일과 신앙생활, 두 마리 토끼를 어떻게 잡을 수 있을까 고민했다. 아니 고민할 수밖에 없었다. 일에 집중하면 일에 매몰되고, 교회에서 배운 신앙생활은 수도원에 들어가야지만 가능할 것 같았다. 일만 해도 벅찬데, 친구를 포함한 대인관계는 어떻게 다루어야 할지 도무지 떠오르지 않았다. 누구보다 치열하게 20대, 30대 초중반을 보내며 인생에서 가장 중요한 것은 무엇이고, 그것을 지키기 위해서는 어떤 선택을 해야 할지 날마다 고민했다.

살아남기 위해 수많은 시간관리 기법들을 배우고 적용하면서, 높은 강도의 업무처리 능력과 내 삶의 균형을 위해 우선순위의 기준을 정의하기 시작했다. 시간이 흘러서, 시간을 구체적으로 분석하기 시작했고, 나만의 시간관리 방법론을 개발하는 지경에까지 이르게 되었다.

시간관리 덕분에 이렇게 살 수 있다

그룹의 주요 계열사 인사책임자를 거치고, 뜻한 바가 있어 퇴사 후 창업에 나섰다. 막상 창업해보니, 또 다른 차원의 문제를 마주했다. 무엇을 해야 할지, 무엇부터 해야 할지 아무도 정해주지 않는다는 문제였다. 물론, 이전 직장에서도 나는 항상 책임자였고, 디렉터급이었기 때문에 늘 조직의 방향성과 미래에 대해 설계하고 제시하곤 했었다. 하지만 그룹 내에 속해 있는 것과 아무것도 없는 곳에서 새롭게 시작하는 것은 차원이 달랐다. 그룹에 속해있을 때에는 나와 함께 할 팀원들이 있었고, 고객 가치 창조를 위해 유기적으로 움직였던 조직도 있었다. 그런데 창업을 해보니, 고객도, 조직도, 팀원도, 목표도 아무것도 없었다. 거기서 나는 시간을 어떻게 써야 할지 끊임없이 고민했다. 시간으로 목표를 통제하는 원리를 어떻게 적용해야 할까? CEO로서의 시간은 직장인과 어떻게 달라야 할까?

가장 존경하는 인물이자, 지금의 나를 만들어 준 인물을 꼽으라면 단연 피터 드러커다. 물론, 회장님, 대표님, CHO님, 실장님 등 탁월한 직장 선배님들도 나에게 많은 영향을 끼쳐주셨다. 그분들이 드러커의 이론과 관점을 삶으로 보여주신 덕분에 책으로만 만난 드러커를 실제적으로 느끼고 이해할 수 있었다. 창업 후에 나는 드러커의 '자기경영 노트'를 읽고 또 읽었다. 드러커는 시간을 아주 중요하게 다루는데, 나는 여기서 '고정화(fixed) 시간'이라는 개념을 배우고 적용했다. 내가 해야 할 일 중에 가장 중요한 것을 골라내고, 시간계획을 세울 때 중요한 일을 위한 시간을 우선적으로 배치하는 기법이다. 이때부터 핵심 프로젝트, 직원 교육, 리더십 미팅을 3대 주제로 잡고 내 시간을 고정화하는 노력을 했다.

현재 나는 2개 법인의 CEO이자 2개의 유튜브 채널을 활발하게 운영하고 있고, 대한민국의 탁월한 다음 세대를 길러 낼 대안 대학 프로젝트를 준비하고 있다. 동시에 맹지화된 지방 도시들을 개발하는 프로젝트에 PM으로 참여하고 있고, 코로나 이후 혁신적인 여행의 모델을 제시할 여행사업을 준비하고 있다. 교회에서는 셀 리더로 목양에 참여하고 있고, 운영위원회로서 교회의 중요한 이슈마다 기획·결정하는 미팅에 참여한다. 매주 월요일 저녁은 대한민국에 경제 영역의 회복을 위한 기도 모임을 인도하고 있고, 수많은 기업과 대학, 교회에 강연자로 활동하고 있다. 태어난 지 9개월 된 딸을 양육하면서 이런 모든 활동을 병행하고 있다.

어떻게 이 모든 활동이 가능할까? 비결은 집중된 시간이다. 나는 앞으로도 계속 사업을 키워갈 것이며, 더 큰 영향력을 위해 도전할 것이다. 더 많은 직원을 채용해서 나보다 탁월한 CEO로 훈련시킬 것이고, 더 많은 자녀를 키우면서 미래 인재를 내 가정에서 만들어 낼 것이다. 이 모든 목표와 생각은 시간을 관리하고, 시간을 집중시킬 때 가능해진다.

이 책으로 전하고 싶은 메세지는 하나다. 시간을 기록하고 숫자로 보는 작은 습관 하나가 당신의 삶을 객관화시킬 것이다. 객관적인 눈으로 삶을 들여다볼 때, '불필요한 시간'을 제거하고 '필요한 시간'에 집중할 수 있게 된다. 이것이 내가, 또 함께하는 커뮤니티가 느끼고 있는 시간 관리의 힘이다.

Chapter 03

1년을 10번 사는 사람, 10년을 1번 사는 사람

어떤 삶이 의미 있는 삶인가?

앞으로 이어지는 챕터를 읽다 보면, '이렇게까지 살아야하는가?'하는 의문이 들 수 있다. 의문에 미리 답하고자 내가 왜 이렇게까지 시간을 관리하며, 목표에 도전하는지 소개해본다.

'여러분의 꿈은 무엇인가요?'

'꿈'이란 상상만으로도 설레고, 인생을 걸고 도전하고 싶은 목표라고 생각한다. 대부분 꿈은 가치와 연결된다. 무엇이 나의 최우선인지, 무엇이 나에게 가장 중요한지를 알면 쉽게 꿈을 찾을 수 있다. 동시에 꿈은 굉장히 구체적이고 실제적으로 꾸어야 한다. 많은 사람들은 막연하게 행복을 꿈꾼다. 행복한 삶은 어떤 삶일까? 구체적으로 어느 영역에서, 언제, 무엇을, 누구랑 함께하는 게 행복한 삶일까? 이 질문에 답할 수 있어야 진짜 꿈이다. 답을 못한다면 '바램'에 불과할 뿐이다.

최근 만나본 2030을 분석해본 결과, 굉장히 많은 청년들이 목표나 꿈 자체에 대해 생각하지 않는다는 사실을 알게 되었다. 또한 삶을 어떻게 살아야 하는지, 심지어는 왜 살아야 하는지 막막해한다는 사실을 알게 되었다. 삶의 의미와 나의 존재목적을 찾지 못한다면, 우리의 삶은 공허할 수밖에 없다. 꿈은 내면의 공허를 몰아낸다. 목표가 뚜렷할수록 삶이 단순해지고, 재밌어진다.

목표를 세우기 어려운 이유는 무엇일까? 대부분 '내가 좋아하는 것'에만 집중하기 때문이다. 우리의 니즈와 욕망에는 한계가 없다. 한계가 없는 욕망을 충족시키기란 불가능하다.

그러니 나를 위한 목표가 아닌, 다른 사람들의 유익을 위한 이타적인 목표를 설정해보라. 이타적인 목표는 이기적인 목표보다 쉽게 세울 수 있다.

타인을 돕는 목표는 나에게도 유익하다. 이타적인 목표는 대부분 객관성을 띈다. 그리고 목표 자체에 의미가 생긴다. 객관성과 의미, 이기적인 목표를 설정 할 때에는 놓치기 쉬운 두 마리 토끼가 한꺼번에 잡힌다. 그래서 의도적으로 이타적인 목표에 도전하는 것이다. 역설적이게도 이타적인 목표는 가장 이기적인 목표이다.

유튜브를 예로 들어보겠다. 유튜브의 목표는 대중들에게 필요한 정보를 제공하는 것이다. 수익은 결론적으로 얻어질 뿐이다. 수익을 위해서 필요한 정보를 제공한 게 아니라, 사람들에게 더 알맞고 적절한 정보를 제공하다 보니 수익이 따라왔다. 정보제공을 수익보다 우선시켰기 때문에 유튜브가 가장 큰 동영상 플랫폼으로 성장할 수 있었다고 생각한다. 유튜브 외에도 먼저 다른 사람들에게 유익을 주면서, 큰 유익을 가져가는 기업들은 전 세계에 수없이 많다.

이기적인 목표는 공허함과 연결되어 있다. 공허함은 이기적 목표의 한계가 아닐까? 내가 KPI를 달성한 이유는 조직에 공헌하기 위해서였지, 승진을 위해서가 아니었다. 물론 조직에 크게 공헌하면서 승진은 자연스럽게 따라왔지만 말이다.

목표를 정해보라. 그리고 그 목표를 달성하고 싶은 이유에 대해 생각해보라. 나는 항상 목표를 세우고 나면 질문을 던진다. '이 목표를 통해 무엇이 달라질까?' '누군가의 삶이 어떻게 바뀔까?' 목표가 생기면 삶에 에너지가 생기기 시작한다. 목표 없이는 삶의 의미나 재미를 찾기 어렵다. 여러분의 꿈이 무엇인지 상기하고, 그 꿈을 구체화시키기 위해서 오늘 하루를 어떻게 살아야 하는지 돌아보자. 지금 가지고 있는 꿈이 추상적이어도 괜찮다. 추상적인 꿈을 구체화하는 고민시간을 계획해보자. 그게 시간관리고, 강점을 찾아가는 과정이고, 다른 사람들에게 선한 영향력을 미치는 길이다.

여러분의 인생을 걸고 싶은 도전제목은 무엇인가? 어떤 인생을 살고 싶은가? 스스로 질문을 던져보길 바란다. 이 질문에 답하지 못하면, 여러분은 순간을 흘려보내게 된다. 그렇게 1년, 2년, 5년, 10년 시간이 지나도 똑같은 고민을 하면서 멈춰있을 가능성이 높다. 중간에 방향을 바꾸더라도, 10년을 1번 사는 사람이 되자. 오늘 이 하루가 더 큰 차원에서는 성장의 한걸음이 될 수 있도록 '어떻게 살고 싶은지' 답해보자.

대한민국 인재지도를 꿈꾸다

나에게는 아주 명확한 인생의 방향성 키워드 2가지가 있다. '통일한국', '인재'이다. 이 키워드를 찾기까지 30여 년의 세월이 필요했다. 회사생활을 통해 나는 인사전문가로 성장했다. 재미있게도 나는 인사전문가로 성장하려고 한 적이 단 한 번도 없다. 그저 회사가 시키는 일을 했을 뿐이다. 지금 돌아보면 너무 감사한 일이다. 나의 의도와는 상관없이 어

이준희 사명선언서

통일 한국을 준비 할 다음 세대 인재지도를 만든다.

---

1. 다음세대를 이끌어 갈 다음세대 리더십을 찾는다.

- 대한민국 청년들이 커리어를 통해 기여할 수 있는 인재가 되도록 한다.
- 탁월한 HR매니저와 시스템을 만들어낸다.
- 인재를 통해 성장해야 하는 기업과 함께한다.

2. 다음세대에게 구루의 지혜를 전수한다.

- 영역별로 구루의 지혜를 내가 먼저 학습한다.
- 그 지혜를 직접 살아낸다.
- 새롭게 재해석 된 지혜를 전수한다.

3. 다음세대를 회복시키는 공동체를 건설한다.

- 창업과 대안교육을 통해 죽은 도시를 살린다.
- 시대를 앞서는 차별화 된 라이프 스타일을 제시한다.
- 통일한국을 준비하는 도시를 기획한다.

쩌면 누군가의 의도로, 나는 인사라는 영역으로 훈련받았다. 그렇기 때문에 내가 훈련받은 이 영역으로 누군가의 삶에 기여해야 한다는 책임의식이 나에게 있다. 그 끝이 다음 세대의 리더를 키우는 일이다. 나는 죽을 때까지 이 일을 하고 싶다. 그래서 퇴사를 결정하고 얼라이브커뮤니티 라는 회사를 세워, 다음 세대를 위한 일들을 계속해서 진행하고 있다. 그 외에도 윗세대의 지혜를 다음 세대에게 물려주는 것과 다음세대를 회복시키는 공동체 건설의 사명을 마음에 품고 달려가고 있다.

사명선언서를 작성했기에, 나는 인생의 방향성과 기준을 계속해서 만들어갈 수 있었다. 지금 운영 중인 회사와 도전 중인 프로젝트는 모두 이 사명선언서와 연결되어있다. 사명선언서를 작성해내는 고민이 인생의 방향성을 계속해서 규정해나가게 하고, 규정된 방향 위에 세운 목표에 끊임없이 도전하게 만든다. 이는 번아웃에 빠지지 않는 나만의 비결이다.

이 책을 읽는 독자분들도 '사명선언서'를 써보시길 추천드린다. 사명선언서는 내가 찾아가는 글이고 발전시켜나가는 글이다. 내가 3년 전에 작성했던 사명선언서보다 2021년에 작성한 선언서의 초점이 훨씬 뚜렷한 것처럼, 사명선언서는 끊임없이 고민하면서 빚어가는 것이지 어느 순간 '턱'하고 떨어지는 게 아니다.

많은 사람들은 어떻게 살아야 할지 모르겠다고 푸념한다. 나는 그들의 말이 정확하지 않다고 생각한다. 정확한 표현은 어떻게 살아야 할지 '깊게 생각해보지 않았다'일 것이다.

사명선언서를 작성하고, 사명선언서와 연결된 목표를 세워보라. 이 목표를 통해서 계획을 끌어낼 수 있을 것이다. 끌어낸 계획을 가지고 스케줄을 짜고, 위임을 설계하자. 이 과정을 통해 나의 24시간이 사명과 연결되어 있는지 계속해서 점검하는 유익을 누릴 수 있다.

인생의 방향성을 어떻게 찾았고, 어떻게 시간을 관리했으며, 어떻게 목표를 달성했는지. 나의 우여곡절과 그 속에서 발견해낸 나만의 구체적인 방법을 이 책을 통해 소개하고자 한다.

시간관리로 1년 만에 팀장으로 승진

이준희 대표님 회사에서 근무하고 있는 동글님의 인터뷰

이준희 대표님과 언제, 어떻게 처음 만나셨나요?

2019년도 여름, 취업 준비할 때 우연히 "면접왕 이형" 유튜브 채널을 접했습니다. 유튜브로 이준희 대표님을 처음 알게 되었어요. 이준희 대표님께서 진행하셨던 여러 프로그램에 참여하면서 얼라이브 커뮤니티의 비전을 접했고, 그 비전이 너무 멋져서 입사하게 되었어요. 어느새 3년 차 직장인이 되었네요.

시간관리와 관련해서 가장 기억에 남았던 순간을 알려주세요

얼라이브 커뮤니티에 입사하고 나서 1년 정도 '일못러' 소리를 들으면서 회사생활을 했어요. 학생 시절에 나름 공부도 열심히 하고, 좋은 성적도 받았기에 '함께 일하고 싶지 않은 팀원'이라는 평가는 너무 충격적이었죠. 지금 돌아보면, 왜 그런 평가를 받았는지 알 것 같지만 당시에는 너무 가슴이 아팠어요. 회사 입구에서 너무 서러워 눈물을 뚝뚝 흘렸던 기억이 아직도 생생하네요.. 그땐 사직서를 항상 마음에 품고 다녔습니다ㅎㅎ

엄청난 좌절감을 경험하고 있던 저에게 대표님께서 '시간을 잡으라는 조언'을 해주셨어요. '시간을 잡는다'는 표현이 생소했지만, 이미 시간을 기록하고 있었기에 곧바로 '시간을 피드백하라'는 뜻이었음을 알게 되었어요.

대표님의 조언을 따라 시간을 잡으면서 저의 회사생활은 달라지기 시작했어요. 어떤 일에 집중해야 할지, 저의 강점은 무엇인지, 누구와 협업해야 할지, 어떻게 소통해야 할지 등 어렵게만 느껴졌던 많은 직장생활의 영역들이 점점 쉽게 느껴졌어요. 시간을 기준으로 모든 영역을 뜯어고치기 시작했고, 마침내 일못러를 탈출했답니다. 그 성장 노하우를 '퇴사한 이형' 유튜브 채널에서 다른 사람들에게 전해주는 수준까지 성장했어요.

사회 초년생에게 회사에서의 시간을 관리하기란 너무 어려운 것 같아요. 아무래도 주도적으로 무언가를 하기보다 상사가 시키는 일을 많이 해야 하는 시기니까요. 동글님은 어떠셨나요?

이준희 대표님의 '바보시절'처럼 저도 답답한 회사생활을 버티기 위해서 시간관리를 했었어요. 그래서 주도적으로 시간관리를 해야겠다는 생각보다, 답답한 상황에서 스스로를 진단하는 도구로 시간관리를 활용했어요. 쪼개진 저의 시간을 피드백할 때면, '어차피 나는 주도적으로 시간을 관리할 수 없어'라고 자책하기보다는 '내가 오늘 이런 일들을 하면서 시간을 보냈기 때문에 목표를 달성하지 못했구나'라고 피드백했던 것 같아요.

학교에서 시험을 치르면, 시험 범위가 있고, 기출 문제가 있고, 참고할 수 있는 자료가 있잖아요? 회사생활에는 그런게 없더라고요. 어떤 일을 해야하는지, 어디까지 해야 인정받을 수 있는지, 사수가 없을 때 누구에게 뭘 물어봐야하는지…. 그런데 시간관리를 하면서, 어떤 일을해야 인정받는지 점점 발견할 수 있었어요. 비슷한 일을 하는데 상대적으로 저보다 시간이 덜 걸리는 동료를 보면서 도움을 요청하기 시작했고요. 반복적으로 미팅시간이 길어지거나, 미팅을 통해 얻고자 했던 것들이 달성되지 않으면 상사에게 미팅기록을 가지고 가서 꼭 피드백을 받았어요. 갑자기 일이 너무 많아지고, 야근일수가 늘어나면 시간기록을 가지고 상사를 찾아가서 업무 우선순위를 물어보고 업무를 조정했어요.

그렇게 시간관리를 계속하다 보니 어느 순간 주도적으로 회사생활을 하는 저의 모습을 발견할 수 있었어요. 기록을 하다 보면 언제, 어떤 환경에서, 어떤 과업을 할 때 제가 몰입하고 성과를 내는지 알 수 있거든요. 그런 과업들을 제가 하겠다고 자원하기 시작했을 때, 그리고 그 과업을 통해 크게 성과를 냈을 때, '일 잘하는데?'라는 말을 듣게 된 거죠. 이 글을 읽고 있는 분이 사회 초년생이라면, 무조건 시간관리부터 시작하라고 알려 드리고 싶어요. 너무 조급하게 생각하지 말고, 시간관리를 오늘부터 꾸준하게 해보시면 좋겠네요. 지금 이 책을 읽고 계시는 분들은, 아무것도 몰랐던 저보다 훨씬 더 빨리, 더 쉽게 회사생활을 주도하실 수 있을 거라고 생각해요.

시간관리를 하면서 가장 크게 달라진 부분은 무엇인가요?

시간관리 덕분에 제가 잘하는 일을 찾고 계속해서 성과를 낼 수 있게 되었어요. 그 성과를 인정받아 나이로는 막내지만, 입사 2년 반 만에 약 10명의 팀원들과 4~5개의 메인 프로젝트를 진행하는 PM으로 성장할 수 있었어요.

저는 지금 얼라이브 커뮤니티에 입사할 때 꿈꾸던, 제가 가장 하고 싶었던 일을 하고 있어요. 누군가의 삶을 바꾸는 콘텐츠를 만들고, 성장을 도울 수 있는 제품과 커뮤니티를 기획할 수 있어서 정말 행복해요.

좀 더 정교한 데이터를 기반으로 여러분의 어려움을 진단해 드리고, 역량을 개발시킬 수 있는 IT 플랫폼 개발 프로젝트도 시작했답니다.

'인생을 바꾸는 시간관리 플래너' 타임트래커 펀딩은 정말 많은 분들이 사랑해주셔서 플래너 분야에서 아무도 상상하지 못했던 펀딩액 1억 돌파라는 성과를 낼 수 있었어요. 저의 회사생활을 바꿔준 이준희 대표님의 시간관리 노하우를 더 자세하게 소개하고 싶어서 시간관리 책 프로젝트도 추진하게 되었죠. 지금 읽고 계신 책이 프로젝트의 결과물이랍니다.

무엇보다 시간관리를 통해 제가 어떤 사람인지 발견해보았기 때문에 이 경험을 활용해서 함께하는 팀원들과 커뮤니티 멤버들이 스스로를 찾아갈 수 있도록 도와줄 수 있었어요. 3년 넘게 인생의 방향성을 고민하고 취업을 준비하다가 최근에 저와 함께 마케팅 프로젝트를 시작한 분이 있는데요. 함께 한지 한 달도 안 되었는데, 벌써 본인이 어떤 일을 잘하고 좋아하는지 찾으셨더라고요. 정말 감사한 일이죠.

이 시간관리 방법을 다른 분들에게도 추천하시나요?

추천하는 걸 넘어서 '강요'하고 싶어요! 여러분이 지금 어떤 시즌을 지나가고 있던, 이 책에서 소개하는 시간관리 방법은 분명 도움이 될 거라고 확신해요! 물론 어떤 부분들은 너무 분석적이고, 부담스럽게 느껴질 수도 있어요. 이 책에 나온 시간관리 방법들을 따라 했는데, 당장 삶이 변하지 않았다고 느낄 수도 있고요. 그래서 제가 마지막으로 강조하고 싶은 건 여러분에게 맞는 방식과 속도로 이 책을 적용해보시라는 거에요. 모든 파트를 완전 똑같이 따라 하실 필요는 없어요! 시간관리를 멈추지만 마세요. 많은 분들이 고민하고 있던 인생의 방향성까지 찾게 될 시간관리법이니까, 너무 조급해하지 말고 차근차근 꾸준히 삶의 순간들을 기록해보시면 좋겠어요!

혼자하는게 힘들다면, "트래커스" 커뮤니티와 함께해보세요. 시간관리를 같이 하고 싶어서 저희가 만든 커뮤니티니까 믿고 따라오셔도 됩니다. 이 책을 통해 전하고자 했던 시간관리 원리와 방법이 여러분의 삶을 더 행복하고, 여러분답게 바꾸는 데 도움이 되면 좋겠네요:) 응원합니다!

PART 2

적기만 해도 인생이 바뀐다

Make your time more alive

Chapter 04

내가 시간을 기록하기 시작한 이유

지금까지 안될 계획만 적고 있었다

대학생 시절부터 도전을 멈추지 않았던 나는 시간관리에 꽤 진심이었다. 언제나 시간관리 플래너를 들고 다녔고, 비는 시간이나 자투리 시간이 없도록 할 일을 계속 채워 넣었다. 그 결과 정신없이 바빴다. 잠은 늘 부족했고, 왜 그렇게 열심히 살았는지 후회스러웠다. 이때까지만 해도 시간관리는 나를 쉬지 못하게 하는 강박이었다. 그러다 보니 자투리 시간 활용이 시간관리의 노하우라고 생각했다. 자투리 시간에 영어 단어를 외우고, 책을 읽고, 출퇴근 길에 운동했다. 일하고 배우고 운동하고… 남는 시간에조차 해야 할 일이 많다 보니, 들고 다닐 짐이 당연히 많을 수밖에 없었다. 언제 갑자기 대기시간이 생길지 모르고, 언제 외국어 단어를 외워야 할지 모르기 때문이다. 언제 읽을 수 있을지 모르니까 책도 한두 권쯤 들고 다녀야 안심되었다. 하지만 이런 의문이 들었다.

"나는 자투리 시간 학습으로 무엇을 얻었는가?"

검토해보면, 열심히 산다는 자기만족감 외에 딱히 얻은 유익이 없는 듯하다. 뒤에서 자세히 다루겠지만, 시간은 잘게 쪼개질수록 힘을 잃는다. 크고 튼튼한 눈사람을 만들려면 눈을 단단히 뭉쳐야 한다. 단단히 뭉친 눈덩이를 굴리면 더 큰 눈사람을 쉽게 만들 수 있다. 시간 관리도 마찬가지이다. 뭉쳐야 한다. 사실 자투리 시간이 아예 없는 상황이 시간을 가장 이상적으로 관리하는 상태이다.

드러커는 자신의 저서 〈피터 드러커 자기경영노트〉에서 시간관리를 3가지 단계로 설명한다. 기록, 분석, 통합이다.

분석과 통합을 하려면 먼저 기록해야 한다. 기록이 없이는 시간을 분석할 수도, 통합할수도 없다는 게 드러커의 이론이었다. 시간관리의 바이블이라고 평가받는 또 다른 책 〈시간을 정복한 남자 류비셰프〉 역시 시간관리의 시작이 기록이라고 이야기한다. 두 책을 읽어보니 먼저 시간을 기록해야겠다는 생각이 들었다. 기록은 이해가 필요한 과제가 아니다. 실행의 문제이다. 펜을 잡고 적기만 하면 된다. 나도 일단 시작해 보았다.

류비셰프와 드러커의 시간 기록은 방법 면에서 차이가 있었다. 류비셰프는 어떤 일을 마치고 소요된 시간을 작성하는 방식을 제안하고, 드러커는 한 시간 단위로 시간을 기록하는 방법을 제안한다. 비슷해 보이지만, 막상 기록해보면 차이가 크다.

류비셰프 방식	드러커 방식
식사 0.5h	07~08 - 아침 식사
아침 독서 2.2h	08~09 아침 독서
조깅 0.4h	09~10 아침 독서
논문 검토 1.7h	10~11 조깅
식사 1h	11~12 논문검토
아들과 대화 2h	12~13 논문검토

류비셰프 방식은 시간의 단위와 상관없이 실제로 사용한 시간을 연속적으로 적는 데 반해, 드러커 방식은 1시간 단위로 활동을 구분한다. 류비셰프 방식은 활동이 바뀔 때마다 적을 수 있다. 시간기록의 누락을 피하는 데 도움이 되지만 표준화에는 한계가 있다. 특정한 업무의 생산성

을 높이고, 평균값을 측정하는 데에는 드러커의 방식이 더욱 의미 있다.

류비셰프 방식은 정해진 틀 없이 자유롭게 작성할 수 있고, 드러커 방식은 하루 24시간이라는 틀 안에서만 작성한다. 드러커의 방식은 분석에 용이하다.

드러커와 류비셰프의 기록방법을 비교해보면, 기록방식과 기준이 다소 다름을 알 수 있다. 드러커 방식이든 류비셰프 방식이든, 시간을 분석하는 단계로 넘어가기 위해서는 반드시 시간을 기록하는 단계를 거쳐야 한다. 거듭 강조하겠지만, 일단 기록하자. 방법을 모르겠더라도 일단 기록해보자. 그러면 변화는 시작된다. 나 역시 경험자로서 당당히 확언한다.

많은 사람이 시간기록을 힘들어한다. 너무 디테일하고, 기준도 없고, 항상 긴장하면서 살아야 할 것만 같은 부담감이 들기 때문이다. 나도 처음에는 시간기록에 대한 이해가 미흡해, 그냥 닥치는 대로 적었다. 그러다 보니 내 시간은 너무도 잘게 쪼개졌고, 시간을 기록하는 게 또 하나의 일이 되어 정작 중요한 일을 할 시간까지 방해했다. 시간을 기록할 이유도, 의미도, 재미도 찾지 못하는 경우가 다반사였다.

괜찮다, 누구나 서투르게 시작한다는 사실을 잊지 말자. 그보다 중요한 사실은, 생각하지 말고 일단 시작하는 의지이다. 여기까지 읽었다면, 시간 기록에 도전해 보자. 도전만으로도 정말 많은 생각을 하게 된다.

하루를 마감할 때, 10분만 할애해서 오늘 내가 어떻게 시간을 보냈는지 시간을 기록해보자. 일과를 기록한 표를 쳐다보고 있으면 정말 많은 생각이 떠오른다. 기록부터 시작해보자.

눈으로 보면 뭐가 문제인지 보인다

단순한 시간 기록에 생명력을 불어넣게 된 순간이 있다. 바로 '색칠하기'이다. 프랭클린 플래너는 시간을 4가지로 분류한다. 신체적 활동시간, 사회적 활동시간, 정신적 활동시간, 영적 활동시간. 프랭클린 플래너의 4가지 분류를 4가지 '색깔'로 시간표에 적용시켜보자. 분류에 따른 색칠을 통해 나의 하루를 더 직관적으로 파악할 수 있다.

보기 좋게 색칠된 시간표는 때때로 놓쳤던 사실들을 상기시켜준다. 중

9		9	회의준비	9	외부미팅
10	씻고 준비하기	10	전체 회의	10	↓
11	엄마와 브런치	11	↓	11	팀장님 면담
12	이동	12		12	점심
13	교회	13	점심	13	기획 미팅
14	↓	14	BP조사	14	↓
15	이동	15	↓	15	
16	마트	16		16	컨셉 회의
17	이동	17	컨셉 기획	17	↓
18	저녁식사	18	↓	18	이동
19	독서	19		19	팀원들과 저녁
20	↓	20	저녁 식사	20	↓
21	티타임	21	친구 약속	21	이동
22	↓	22	↓	22	독서
23	잠	23		23	넷플릭스
00		00	유튜브	00	↓
1		1	↓	1	잠
2		2	잠	2	
3		3		3	

영	지	사	신	잠	기	낭	영	지	사	신	잠	기	낭	영	지	사	신	잠	기	낭
4	2	3	0	11	4	0	0	4	10	1	4	3	2	0	2	10	1	5	4	2

9		9	회의준비	9	외부미팅
10	씻고 준비하기	10	전체 회의	10	
11	엄마와 브런치	11		11	팀장님 면담
12	이동	12		12	점심
13	교회	13	점심	13	기획 미팅
14		14	BP조사	14	
15	이동	15		15	
16	마트	16		16	컨셉 회의
17	이동	17	컨셉 기획	17	
18	저녁식사	18		18	이동
19	독서	19		19	팀원들과 저녁
20		20	저녁 식사	20	
21	티타임	21	친구 약속	21	이동
22		22		22	독서
23	잠	23		23	넷플릭스
00		00	유튜브	00	
1		1		1	잠
2		2	잠	2	
3		3		3	

영	지	사	신	잠	기	낭	영	지	사	신	잠	기	낭	영	지	사	신	잠	기	낭
4	2	3	0	11	4	0	0	4	10	1	4	3	2	0	2	10	1	5	4	2

요 프로젝트에 시간을 더 할애해야 하는데, 대부분의 시간을 전혀 중요하지 않은 일에 사용하고 있다던가…목표로 했던 운동시간, 학습시간은 온데간데없다던가.. 등등 막상 시간 기록표를 보면 한심스러울 때가 많다. 시간을 처음 기록하고 분석하는 사람이라면 누구나 겪는 일이다. 시간 기록표에 색만 입혀도 얼추 시간을 분석할 수 있다.

시간분류가 처음엔 어색하고 이상하더라도, 막상 분류해보면 쉽게 적응한다. 새 시스템에 적응하고 나면, 나에게 딱 맞는 시간분류기준을 찾고 싶은 욕심이 생긴다.

나의 경우, 프랭클린 플래너의 분류 기준을 따라 시간표에 색을 칠했지만 나에게 딱 맞지는 않았다. 내 삶을 더 생산적으로 바꾸기 위해 나만의 분류가 필요했고, 나에게 맞는 방식을 개발해야 했다. 당시 회사에서 사용하던 바인더(플래너)는 목표를 영적/지적/사회적/신체적으로 아주 단순하게 분류했는데, 바인더를 개발하신 분을 인터뷰하면서 이 네 가지 분류가 가장 합리적이라고 여겨졌다. 우리가 사용하는 대부분의 시간은 이 네 가지 영역에 포함된다.

나에게 딱 맞는 분류기준을 세우더라도, 분류할 수 없는 시간들이 남아있다. 잠, 이동 시간, 버리는 시간은 어디에 분류해야 할까. 이 사항들까지 색으로 표기하기 위해 나만의 방법을 개발했다. 6색 형광펜이다.

영적/지적/사회적/신체적 시간을 4가지 색으로 표시하고, 그 외 2가지 색으로 추가시간을 표시하는 방법이다. 때로는 가장 중요하게 여겨지는 프로젝트 시간에 색을 배정해서 내가 반드시 관리해야 하는 사안들을 놓치지 않으려고 노력했다. 그렇다고 시간표 전부를 색칠하지는 않았다. 굳이 표기하지 않아도 되는 시간들은 색칠하지 않았다. 표기하지 않아도 될 만큼 중요하지 않기 때문이다.

우리가 반드시 실천해야 할 행동은 두 가지이다. 먼저 눈에 보이도록 가시화하는 것이고, 둘째 나만의 시간 분류 방법을 찾는 것이다. 관리의 목적이 무엇일까? 관리는 더 나은 산출물을 내기 위한 행동이고, 마땅히 관리해야 할 사안에 시선을 집중시키기 위한 방책이다. 시간관리의 기준은 내 삶의 시즌에 따라 달라진다는 사실을 명심하자. 인생의 시즌, 즉 인생의 계절이 봄인지, 겨울인지에 따라 나의 초점도 달라질 수밖에 없다. 어떨 때는 업무의 핵심 프로젝트에 집중해야 하고, 어떨 때는 수면시간 혹은 운동시간과 같은 개인 생활에 집중해야 한다. 정답은 없다. 그때그때 맞는 답을 찾아가면 된다.

시간 가계부를 만들면, 아낄 수 있다

돈을 잘 관리하는 사람들의 공통점이 있다. 가계부를 쓴다는 특징이다. 요즘에는 손으로 직접 쓰는 가계부 외에 어플 같은 쉽고 편한 도구들도 많이 출시되었다. 어느 도구를 사용하든, 돈을 잘 관리하는 사람들은 가계부를 쓴다.

시간관리도 마찬가지이다. 당신은 시간을 관리하는 별도의 도구를 가지고 있는가?

아무리 자동화된 시대에도, 시간관리만을 목적으로 하는 도구가 있어야 한다. 이는 너무나 중요하다. 나는 이스라엘에 관심이 많아서 고대 중동사를 열심히 공부했다. 고대 중동에는 '거룩', '성스러운' 이란 표현이 많이 등장한다. 거룩한 땅, 거룩한 잔, 거룩한 예식 등 거룩 때문에 전쟁을 벌이고 거룩에 인생을 건다. 뉴스나 역사책에서 종종 접해 보았을 것이다. 그렇다면 여기서 한가지 질문을 던져본다. 당신은 거룩을 무엇이라 정의하는가? 거룩의 실체가 무엇이고, 거룩은 어떤 상태라 생각하는가? 보통 '거룩'을 떠올리면, 하얀색 옷을 입고 장신구를 치렁치렁 단 모습을 상상한다. 신부님이나 사제 등 종교적인 행위를 쉽게 연상하기도 한다. 그러나 '거룩'의 본래 뜻은 '구별'이다. 특정한 목적과 행위를 위해서만 특별제작된 아주 귀한 성질이라는 뜻이다. 거룩의 의미가 사람에게 부여되면 '사명'이 되고, 국가에 부여되면 '선민사상'이 된다.

시간관리를 말하면서 거룩과 선민사상까지 언급한 이유는 매우 간단하다. 시간은 따로 구별하여 관리해야 할 만큼 중요한 자산이기 때문이다. 많은 사람들이 이 사실을 놓치고있다. 돈과 시간, 에너지를 투입해서 시간을 관리해보라.

경영학에서는 우리가 사용할 수 있는 자원을 3가지로 구분한다. 돈, 사람, 시간이다. 3대 자원 중에 시간이 포함된다. 세 자원 중에 무엇이 가장 중요할까? 사람마다 답이 다를 수 있다. 그러나 나의 답은, 단연코 시간이다. 돈을 버는 데에는 시간이 소요된다. 시간이 넉넉하다면 돈 버는 방법을 찾는 게 그리 어렵지 않다. 요즘 '사람이 중요하다', '사람이 먼저다' 라는 표현들이 많이 쓰인다. 이 표현의 실체가 무엇인가? 결국 사람을 관리하고, 사람을 케어하는 데에 시간을 사용한다는 말이다. 사람이 중요하다고 말하면서, 정작 사람을 만나는 데에 시간을 전혀 사용하지 않는다면 허공 속에 울리는 메아리에 불과하다.

어떤 사람이 중요하게 여기는 것이 무엇인지, 딱 2가지만 보면 확인할 수 있다. 돈과 시간이다. 그중에서도 시간은 의식, 무의식을 모두 반영하기 때문에 그 사람의 마음이 무엇으로 가득 찼는지 더 명확히 알 수 있다. 온종일 넷플릭스와 유튜브만 보는가? 당신의 마음은 미디어로 가득 차 있다고 해석할 수 있다.

나는 나만의 시간관리 방법을 위해서 언제나 도구를 들고 다녔다. 내가 어딜 가든 내 손에는 시간관리 노트가 들려 있었다. 때로는 노트를 앱과 노트북으로 바꿔보았지만, 10년이 넘게 시간을 관리하면서 결국 연필과 노트로 회귀했다. 도구 선정에 대한 구체적인 기준과 방법은 따로 설명하겠지만, 여기서 강조해야 할 포인트는 아주 단순하다. 시간관리만을 목적으로 하는 별도의 도구를 가지고 다녀라.

Chapter 05

24시간은 누구에게나 공평하다

어디까지 관리해야 할까?

'시간관리' 단어를 접하면 세밀하고 깐깐하고 정밀한 스위스 시계를 떠올릴지 모르겠다. 많은 사람들은 깐깐한 삶이 많은 에너지를 소모시킨다고 생각한다. 그런데 시간관리를 제대로 해보면 전혀 다른 결과를 목격하게 된다. 시간관리를 정밀하게 하면 할수록, 시간관리에 드는 에너지가 적어진다. 정밀한 시간관리가 루틴이 되어 단순함으로 완성되기 때문이다.

나 역시 정밀하고 세밀한 시간관리를 위해 많은 노력을 기울여 보았다. 특히 앱을 이용해서 초 단위로 나의 시간을 추적해 보기까지 했다. 체크인 형태로 이동할 때마다 혹은 활동이 바뀔 때마다 시간을 입력하기도 했다.

이렇게 정밀한 관리를 원하는 이들에게 추천하는 툴이 있다. Atracker라는 앱이다. 이 앱을 사용해 보고 아주 만족스러워서 스웨덴에 있는 개발자에게 앱 인수 가능성과 목표 관련 기능을 추가해 달라고 이메일을 보냈었다. 당시에 그런 기능을 연구 중이라며, 최대한 빨리 구현하겠다는 답변을 받았는데, 현재는 앱에 목표를 입력하고 자동으로 추적하는 기능이 업그레이드되어 있다. 물론 내가 생각한 기능은 아니지만, 2년에 걸쳐 고객의 요청을 구현했다는 점만으로도 칭찬하고 싶다.

시간을 어디까지 정밀하게 관리할 수 있는가를 알아보기 위해서, 초 단위 입력 방법을 찾다가 Atracker를 만나게 되었다. 이 어플로 6개월간 시간을 추적해 본 결과, 초 단위 관리가 나에게 크게 효과적이지 않고, 오히려 시간관리를 방해한다는 결론을 내렸다. 나는 기존에 30분 단위 혹은 한 시간 단위의 시간 기록표를 작성하고 있었다. 30분, 한 시간 단위로 작성한 통계와 초 단위로 분석한 통계가 크게 다르지 않았다.

6개월간 고생했는데 큰 차이가 없다니! 짜증이 났다. 결국 시간관리의 중요한 결론은 시간을 정밀하게 보는 것이 아니라, 나의 삶이 변하는 것이다. 나의 삶이 목표를 달성하고, 더욱 생산적인 삶을 살고 열매를 맺는 게 시간관리의 목표이다. 이걸 놓치고 정밀함만 따졌던 시간이 너무 아까웠다.

초 단위 기록에는 2가지 한계가 있었다. 첫째, 잦은 누락. 어떻게 하루 종일 스톱워치만 누르고 살 수 있는가? 짧은 시간에 특정 목표를 달성하기 위해서는 가능할지 몰라도, 내 인생 전체 즉, 24시간을 기록하고 돌아보기에는 초 단위 기록이 적합하지 않았다. 둘째, 오류수정에 불편함. 초 단위로 시간을 기록하다 보니 한번 시간을 누락하면 수정하는 데에 너무 많은 애를 쓰게 된다. 초 단위 관리는 정밀하다. 동시에 오류를 수정하는 일도 엄청나게 정밀해진다. 시간을 관리하다 보면 비어있는 시간, 즉 어떻게 보냈는지 모르는 시간이 가장 스트레스로 다가온다. 이 정도는 자유로워져도 괜찮다. 초 단위 관리, 분 단위 관리는 허상이다. 어느 정도 오류를 감안하고 한 시간 단위로 관리하기를 추천한다.

하루를 24개의 블록으로 보면 된다

직장에서 근무하던 12년간 나는 정말 바쁜 일정을 보냈다. 하루 평균 12시간 정도 일했다. 주말을 포함하여 산출해낸 숫자니까, 일주일을 168시간으로 계산하면, 평일마다 약 13~15시간 정도를 회사에서 보냈다는 말이다. 무슨 일을 그렇게 많이 했는지, 세상 모든 일은 내가 다 해

MY TIME RECORD

Time	WED	
5		잠
6	출근	이동
7	QT	말씀
8	최차장님	HRM
9	(기억안남)	낭비
10	HR PJ 피드백	PJ
11		PJ
12	금식기도	기도
13	전략기획실	HRM
14	평가피드백	팀소통
15	김차장님면담	면담
16	평가피드백	팀소통
17	평가피드백	팀소통
18	승진전형	HRM
19	저녁	식사
20	사전승진심사	HRM
21	사전승진심사	HRM
22	사전승진심사	HRM
23	사전승진심사	HRM
00	사전승진심사	HRM
1	사전승진심사	HRM
2	사전승진심사	HRM
3		잠
4		잠

야 한다고 착각했던 것 같다.

미친 듯이 일을 하다 보면, 시간 관리를 할 시간을 따로 빼는 게 쉽지 않다. 디테일하게 시간을 관리하고 싶은 마음이 굴뚝같지만, 디테일보다 중요한 것은 시간표에 누락이 없는 것이었다.

그래서 가능하면 시간 기록을 단순화시켰다. 내 시간 기록표에는 잠에 대한 기록은 없다. 어차피 내가 식별할 수 있으면 되기 때문에, 비워진 시간은 그냥 '잠'시간이라고 보면 된다. 대부분 일정했고, 간혹 낮잠을 자더라도 그냥 비워두었다.

한 시간 단위로 시간을 기록하게 된 배경에는, 자투리 시간이 있다. 실무자로서, 실무 팀장으로서 반드시 내 시간은 조각나게 되어 있다. 나의 기획력 문제라기보다 구조적인 문제였다. 간단한 공지나 기록물을 관리하는 일, 출력이나 보고업무 등. 집중시간까지 필요하지는 않지만 꼭 수행해야 할 자잘한 업무들이 있었다.

자잘한 업무까지 전부 추적해서 기록하자니, 앞서 말한 대로 시간이 없었다. 그리고 40분 이상의 집중시간이 나의 생산성에 유의미한 영향을 미쳤기 때문에, 조각시간 정도는 기록할 만큼 중요하게 보이지 않았다. 내가 의도해서 배치한 '집중 시간'이 제대로 사용되었는지만 피드백하고 싶었다.

그래서 보통, 의지적으로 40분 동안 중요도 높은 일을 하고, 20분 정도는 자투리 시간으로 만들어 자잘한 업무를 처리하곤 했다. 물론, 나의 시간 기록표에는 자투리 시간이 남지 않는다. 자투리 시간을 기록하지 않기 때문이다. 어떤 사람은 이런 방식에 대해 '정교함이 떨어진다, 신뢰도가 떨어진다'고 평할 수 있다. 나는 그런 분들에게 반문하고 싶다.

"그게 뭐가 중요하죠?"

거듭 강조하지만, 중요한 것은 시간 기록의 정교함이 아니다. 기록의 최종 목적은 그냥 성과이다. 성과의 정의가 '워라밸' 같이 개인적일 수도 있고, '매출' 혹은 '수익'같은 회사의 지표일 수도 있다. 무엇이든 좋다. 목표로 한 것들을 달성하는 데에 시간을 '자원으로' 사용하는 단순한 패러다임의 변화가 중요하다.

지금이야 나의 시간을 거의 완벽하게 통제할 수 있기 때문에, 자투리 시간을 아예 없애버릴 수 있다. 그러나 사회 초년생 시절에는 자투리 업무 시간을 지우기란 쉽지 않았다. 자투리 시간이 존재하는 현실을 반영하되, 시간 기록을 지저분하게 만들고 싶지 않았다. 내가 어디에 집중하고 있는가? 그 정도의 시간이면 충분한가? 더 많은 시간을 집중하기 위해서는 무엇을 해야 할까? 고민했다.

내가 제시하는 시간관리에는 2가지 간단한 원칙이 있다.

1. 하루 24시간을
2. 한 시간 단위로 기입할 것

아주 단순하다. 하루를 24개의 블록으로 쌓는다고 상상해보자. 그중 6~9시간은 잠이라는 블록으로 쌓아 올릴 것이기 때문에, 취침시간을 제외하면 하루에 15~18시간이 남는다. 하루 평균 이동시간이 2~4시간, 식사 시간이 최소 2시간, 준비시간 등을 합치면 정작 내가 관리할 수 있는 시간은 실상 10시간 남짓에 불과하다. 하루에 사용할 수 있는 시간블록이 10개라고 생각하자. 아주 심플하지 않은가? 사용할 수 있는 블록이 적은 게 충격적인가? 10개의 작은 시간블록조차 관리하지 않고 흘려보낸 것이 더 충격적이어야 한다. 잊지 말자. 시간기록은 시간관리의 시작이다. 최대한 쉽게 만들어라. 그리고 지속할 수 있게 만들어라. 정교함과 방대한 기록은 시간관리와 아무 연결점이 없다고 스스로 되뇌어라. 그것은 결과적으로 자연스럽게 얻어진다.

관리를 위한 관리에 함몰되지 않는 방법

나름의 양식을 개발해서 30분 단위로 시간을 관리해 본 적이 있다. 한 시간 단위로 관리하면서 갈증을 느꼈다. 좀 더 디테일하게 시간을 관리하고 싶었고, 나의 시간을 더 정교하게 보고 싶었다. 30분 단위로 표를 만들어보니 하루가 48개의 블록으로 쪼개졌다. 표를 쪼개고 나니까, 의도치 않은 경험을 하게 되었다. 내 머릿속도 48개 경우의 수로 쪼개진다는 것이다.

사람은 도구의 영향을 받는다. 내가 한글을 쓰는가, MS워드를 쓰는가, 구글 워드를 쓰는가에 따라서 결과물에 차등이 생긴다. 그래서 도구는 중요하다. 시간을 48칸으로 쪼개니, 불필요한 고민을 하기 시작했다.

00	30 min	30 min	12		
1			13		
2			14		
3			15		
4			16		
5			17		
6			18		
7			19		
8			20		
9			21		
10			22		
11			23		

보통 점심시간은 1시간이다. 1시간 단위로 시간을 관리하면 내 머릿속은 아주 심플해진다. 무엇을 먹을지? 누구와 티타임을 보낼지? 정도의 구상을 한다. 매우 단순하고, 여유 있다. 그런데, 시간을 30분 단위로 쪼개면 얘기가 달라진다. 30분 동안 빨리 식사를 하고, 나머지 30분은 무언가 생산적인 일을 하려고 계획하게 된다.

양식을 보면 알겠지만, 항상 계획(Plan)과 실행(Do)을 구분해서 기록했다. 계획을 짤 때에는 의욕이 넘치는 경우가 많다. 넘치는 의욕은 과한 계획을 부른다. 때로는 밥 먹고 남는 30분 동안 헬스장에 다녀올까 계획하기도 했다. 객기였다.

나의 직장생활 반경은 서울 신촌과 가산동이었다. 근처에서 직장생활을 하신 분들은 알겠지만, 인구 밀도가 어마어마한 곳이다. 점심시간에 식당에 줄 서는 시간만 20분이다. 음식이 나오고, 다 먹으면 40분이 넘어간다. 커피 한 잔 사 들고 사무실에 들어오면서 산책을 한 바퀴 하면 점심시간이 끝난다. 그 짧고 복잡한 시간에 어떤 다른 일을 계획한다는 말인가?

나는 피드백을 통해서, 시간을 잘게 쪼갤수록 '관리를 잘하고 있다'는 착각에 빠질 뿐, 실상 내 삶은 더 분주해지고 집중되지 못하다는 사실을 깨달았다. 관리를 위한 관리는 아무런 생명력이 없다. 우리가 시간을 관리하는 본질은, 더 여유 있으면서도 더 많은 일을 처리하고, 그러면서도

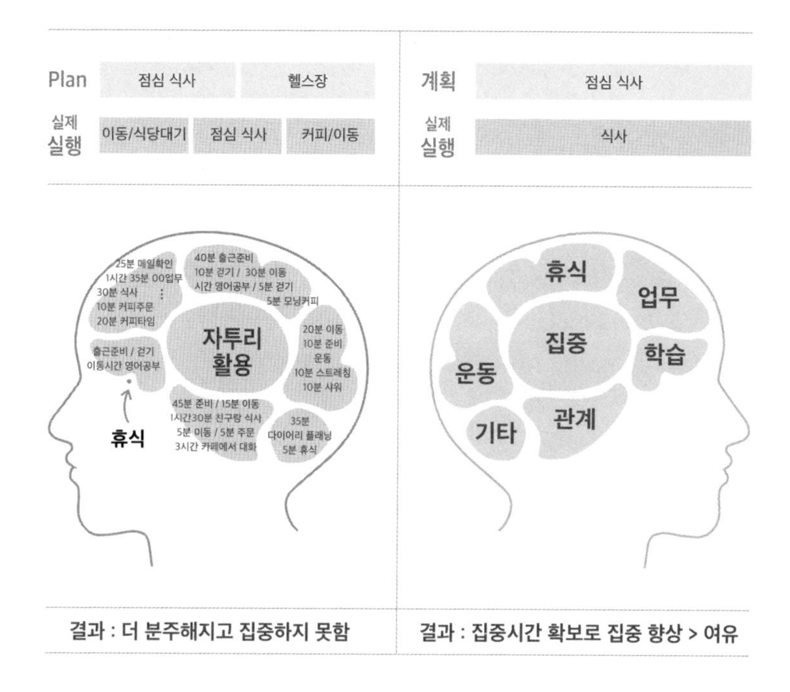

더 몰입하기 위함이다. 이게 행복이다.

시간관리를 할수록 더 분주해지고 바빠진다면, 잘못된 방식으로 관리하고 있는지 점검해 보아야 한다. 자기만족을 위해 시간을 관리하기보다는, 여유 있는 삶을 위해 시간을 관리해 보자.

Chapter 06

지속 가능한 시간관리를 하고 싶다면

내가 사용해 본 플래너들의 한계

'시간관리를 해야지!'

야심찬 다짐과 함께 플래너를 구매해본 경험이 있는가? 여러분이 구매한 플래너는 보통 이런 표들로 가득 차있다. 이번 챕터에서는 내가 사용해 본 플래너를 리뷰하고, 시간관리에 꼭 필요한 플래너의 기능을 소개하려고 한다. 책을 집필하기 위해 시간관리 서적을 읽어보았는데, 방법론은 제시하지만, 그래서 뭘 어떻게 하라는 건지 정작 구체적인 실행방안을 설명하지 않아 수록하게 되었다.

1. 스케줄러

월력과 주간 스케줄을 배치할 수 있도록 만들어 진 가장 일반적인 플래너 종류다. 나 역시 이런 플래너를 약 5년 가까이 써보면서, 허무한 실패를 반복해왔다. 스케줄링과 플래닝을 구분하는 것부터 시작해야 한다.

스케줄링	플래닝
약속 시간의 배치 (수동적)	목표를 달성하는 시간 (능동적)
잊지 말아야 할 스케줄 확인	먼저 사용해야 하는 우선순위 시간 배치
시간이 사용되기 전에 미리 완료해야 함	시간 사용 전과 후 모두 중요함(전<후)
처음엔 촘촘하고, 뒤로 갈수록 느슨해짐	처음엔 여유 있고, 뒤로 갈수록 촘촘해짐
무언가 관리하고 있다는 자기만족이 중요	목표 달성률이 중요

앞으로 내가 말하는 모든 시간관리는 스케줄링이 아니라 플래닝이다. 아마도 여러분이 시중에서 만나는 대부분의 플래너는 스케줄링에 최적화되어 있다. 적기 쉽고, 구분이 편해서 시원시원하게 적어가는 데에 최적화되어 있는 플래너들이다. 물론, 처음엔 쉽게 시작할 수 있지만, 당신의 플래너에 목표를 적는 기능이 없다면 과감히 버려라. 어차피 다시 돌아보지도 않고 당신의 서재에 먼지가 쌓이거나, 휴지통에 버려질 가능성이 높기 때문이다. 표지 디자인은 중요하지만, 디자인만 보고 고르는 우를 범치 말기 바란다. 잊지 말자. 가장 중요한 것은 목표다. 목표를 달성하기 위해서 시간을 기록하는 것이다.

2. 시스템 오거나이저

시간관리에 진심인 사람이라면, 누구나 시스템 오거나이저를 접해보았을 것이다. 시스템 오거나이저는 훌륭한 기능을 제공한다. 종이가 낱장으로 구분되어서 별도의 바인더로 옮겨 모을 수 있고, 양식을 커스터마이징할 수도 있다. 또 대부분 표준 규격을 따르기 때문에 언제든지 필요한 내용을 직접 인쇄해서 바인더에 꽂고 다닐 수도 있다. 물론 단점도 있다. 인쇄용지를 별도로 구매해야 하거나 규격에 맞는 타공기를 따로 구비해야 점이다. 나는 커스터마이징이라는 매력에 빠져 10년 넘게 시스템 오거나이저를 사용했다. 그렇지만 우리 모두가 느낄 수 있는 치명적인 단점 때문에 사용을 멈추었다.

바인더는 크고 무겁다. 대부분 두꺼운 가죽이나 저렴한 플라스틱으로 제작되어 휴대하기 불편하다. 간혹 패브릭이나, 대체제를 선택하는 경우도 있지만 그래도 휴대가 용이하지는 않다. 요즘처럼 전자기기에 모든 기능이 담기는 시대에 노트북보다 무거운 오거나이저를 들고 다니는 모습은 시대에 뒤떨어져 보인다. 내지의 커스터마이징이 자유롭다는 장점이 있지만, 시간관리만을 위한 도구로 한정한다면 굳이 그 많은 무시무시한 양식을 다 들고 다닐 필요가 없다. 오히려 커스터마이징이나 다양한 양식 같은 확장성을 극도로 제한하여, 컴팩트하게 시간관리에 특화된 도구를 들고다니는 게 훨씬 효과적이다. 얇고 가벼운 도구 말이다.

3. 할 일 기록표

시중에 출고된 위클리 플래너가 대표적인 할 일 기록표이다. 한 주간의 이벤트나 업무를 정리하기 쉽고, 깔끔하기 때문에 할 일이 한눈에 들어온다는 장점이 있다. 더러는 표지 디자인이 아름다워 탁상에 올려놓으면 인테리어 소품 역할을 담당해주기도 한다.

하지만 이런 류의 플래너는 리마인더에 가깝다고 보아야 한다. 잊지 말아야 할 일들을 적어놓고 하나씩 수행해 나가는 체크리스트 방식에는 '시간의 우선순위' 개념이 없다. '생산성 향상'의 개념도 없다. 할 일을 수 없이 늘어놓고, 체크리스트를 채워가는 데에 희열을 느낀다면 큰 문제가 없겠지만, 삶의 생산성을 높이는 데에는 오히려 방해되는 방식이다. 생산성을 염두에 두기보다 하기 쉬운 일을 먼저 하는 단점이 있기 때문이다.

우리는 하기 쉬운 일보다는 해야만 하고, 삶을 크게 변화시킬 수 있는 일에 시간을 우선적으로 사용해야 한다. 플래너를 사용하는 목적을 분명히하자. 시간을 관리해서 의미있는 목표를 달성하는 게 플래너를 사용하는 목적이자 이유이다.

시간관리는 책상에서만 하는 게 아니다. 할 일을 다 수행했다고 저절로 시간관리가 되진 않는다. 중요한 것들이 완성되고 해결되었는지, 결과 중심적으로 점검해보라.

아날로그로 돌아오게 된 이유

앞서 언급했듯이, 나만의 시간관리 양식을 개발하거나 시스템 오거나이저에 새로운 양식을 추가할 때마다, 디지털화에 대한 갈증을 느꼈다. 당시에 내가 다룰 수 있는 디지털 도구라고는 엑셀이 전부였다. 물론 엑셀은 지금도 매우 유용한 도구이다.

그러나 최근에 엑셀보다 진화한 앱들이 쏟아져 나왔다. 앱스토어에 '시간관리' 혹은 'time tracker'를 검색하면 무수히 많은 어플이 여러분의 선택을 기다리는 모습을 볼 수 있다. 앱의 기능으로 알림설정과 자동화도 가능하다. 기능도 다양하고 어플 선택의 폭도 넓다 보니, MZ세대는 아날로그 방식보다 디지털 방식이 더 익숙하겠다는 생각이 든다. 나 역시 디지털화를 주제로 정말 많은 고민을 해보았다. 수많은 앱을 사용했고, 엑셀로 수많은 양식을 커스터마이징하여 시간을 관리해보았다.

다음 표는 2018년에 작성한 표이다. 주간 시간분류표에 중요하게 생각하는 요소(존재목적, 학습시간, 운동시간)를 그래프로 표시했다. 그래프같이 가독성 좋은 도구를 사용하면, 내 시간이 어디에 쓰이는지 쉽고 정확하게 볼 수 있다. 모든 것을 그래프로 그리려는 어리석은 짓은 하지 말기 바란다. 관리를 위한 관리, 자기만족 수준의 관리에 함몰될 수 있기 때문이다.

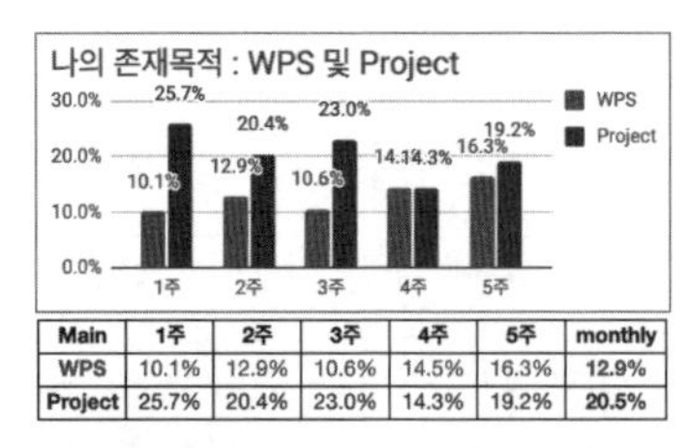

Main	1주	2주	3주	4주	5주	monthly
WPS	10.1%	12.9%	10.6%	14.5%	16.3%	12.9%
Project	25.7%	20.4%	23.0%	14.3%	19.2%	20.5%

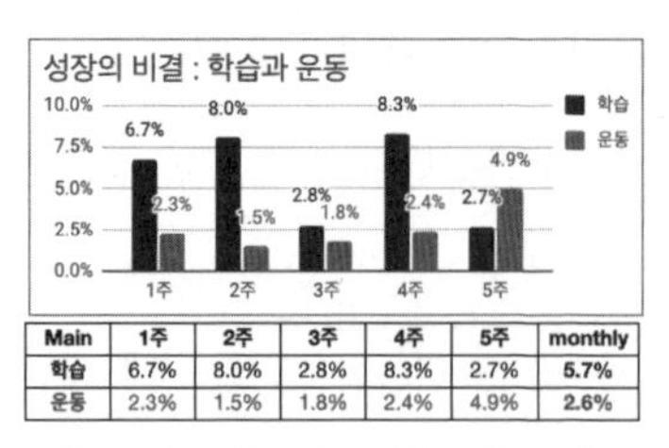

Main	1주	2주	3주	4주	5주	monthly
학습	6.7%	8.0%	2.8%	8.3%	2.7%	5.7%
운동	2.3%	1.5%	1.8%	2.4%	4.9%	2.6%

Drivers	840	비율	1주	비율	2주	비율	3주	비율	4주	비율	5주	비율
기도	51.9	6.2%	9	5.4%	12.2	7.3%	9.2	5.5%	8.3	4.9%	13.2	7.9%
예배	30.5	3.6%	2.5	1.5%	5.5	3.3%	5.8	3.5%	9.5	5.7%	7.2	4.3%
말씀	25.8	3.1%	5.5	3.3%	4	2.4%	2.8	1.7%	6.5	3.9%	7	4.2%
학습	31	3.7%	4.8	2.9%	11	6.5%	3.5	2.1%	9.2	5.5%	2.5	1.5%
고객,시장,경쟁사조사	8	1.0%	3	1.8%	0	0.0%	0	0.0%	4.2	2.5%	0.8	0.5%
언어학습	8.9	1.1%	3.5	2.1%	2.5	1.5%	1.2	0.7%	0.5	0.3%	1.2	0.7%
컨텐츠개발	50.7	6.0%	4	2.4%	6.2	3.7%	17.8	10.6%	9.5	5.7%	13.2	7.9%
Group Exercise	15.5	1.8%	5	3.0%	0.5	0.3%	6	3.6%	0.5	0.3%	3.5	2.1%
1:1 개별요청	87.6	10.4%	26.8	16.0%	24.5	14.6%	13.3	7.9%	12.5	7.4%	10.5	6.3%
D3 company	18.4	2.2%	7.4	4.4%	3	1.8%	1.5	0.9%	1.5	0.9%	5	3.0%
아내랑	45.3	5.4%	6	3.6%	12.8	7.6%	6.5	3.9%	14.5	8.6%	5.5	3.3%
팀소통	39.8	4.7%	9.3	5.5%	6.3	3.8%	8	4.8%	6.2	3.7%	10	6.0%
관계	21.1	2.5%	2.2	1.3%	2.5	1.5%	8.9	5.3%	3	1.8%	4.5	2.7%
TCC	27.8	3.3%	2.2	1.3%	2.5	1.5%	4.3	2.6%	13.8	8.2%	5	3.0%
가족과 함께	24.5	2.9%	1.5	0.9%	11	6.5%	5	3.0%	4.5	2.7%	2.5	1.5%
운동	21.6	2.6%	3.8	2.3%	2.5	1.5%	3	1.8%	4	2.4%	8.3	4.9%
잠	266.5	31.7%	55	32.8%	49.2	29.3%	57.5	34.2%	49	29.2%	55.8	33.3%

분류표가 어느 정도 완성되면, 정보를 1년 단위로 취합할 수 있게 된다. 이쯤 되면, 시간표를 보고 삶에 대한 분명한 기준과 방향성을 찾을 수 있게 된다.

Drivers	연종합	비율	1월	비율	2월	비율	3월	비율	4월	비율	5월	비율	6월	비율	7월	비율	8월	비율
WPS	766	13.1%	104.6	12.5%	19	11.3%	87.8	13.1%	83.4	12.4%	108.2	12.9%	73	10.9%	83.9	12.5%	43	9.2%
Project	1384	23.7%	187.7	22.5%	37.2	22.1%	144	21.4%	123.2	18.3%	172.2	20.5%	131.5	19.6%	122.8	18.3%	115.5	24.6%
기도	252	4.3%	27	3.2%	6	3.6%	30.9	4.6%	32.8	4.9%	51.9	6.2%	16.5	2.5%	15	2.2%	7	1.5%
예배	260	4.5%	48.4	5.8%	6.5	3.9%	28	4.2%	24.5	3.6%	30.5	3.6%	32	4.8%	39.5	5.9%	13	2.8%
말씀	254	4.3%	29.2	3.5%	6.5	3.9%	28.9	4.3%	26.1	3.9%	25.8	3.1%	24.5	3.6%	29.4	4.4%	23	4.9%
학습	200	3.4%	23.7	2.8%	5	3.0%	28.4	4.2%	29.3	4.4%	31	3.7%	12	1.8%	6.7	1.0%	18.3	3.9%
고객,시장,경쟁사조사	107	1.8%	9.9	1.2%	5.5	3.3%	8	1.2%	7.5	1.1%	8	1.0%	9	1.3%	21	3.1%	4	0.9%
언어학습	21	0.4%	0	0.0%	0	0.0%	0	0.0%	3.5	0.5%	8.9	1.1%	2.2	0.3%	0	0.0%	0	0.0%
컨텐츠개발	506	8.7%	86.2	10.3%	8.5	5.1%	27.4	4.1%	42.5	6.3%	50.7	6.0%	60	8.9%	77.3	11.5%	58.5	12.5%
Group Exercise	347	5.9%	55.2	6.6%	13	7.7%	69.4	10.3%	47	7.0%	15.5	1.8%	3.5	0.5%	22	3.3%	33.5	7.1%
1:1 개별요청	306	5.2%	7.7	0.9%	0	0.0%	15.5	2.3%	12.8	1.9%	87.6	10.4%	48.2	7.2%	17	2.5%	8.5	1.8%
D3 company	225	3.8%	38.6	4.6%	15.7	9.3%	31.7	4.7%	20.9	3.1%	18.4	2.2%	19.8	2.9%	6.5	1.0%	15	3.2%
아내랑	384	6.6%	44.8	5.4%	10	6.0%	40.5	6.0%	38.4	5.7%	45.3	5.4%	53.8	8.0%	58.5	8.7%	22	4.7%
팀소통	337	5.8%	40	4.8%	7.5	4.5%	42.4	6.3%	22.5	3.4%	39.8	4.7%	49.5	7.4%	34.2	5.1%	31	6.6%
관계	186	3.2%	38.7	4.6%	0	0.0%	20	3.0%	39.4	5.9%	21.1	2.5%	9.5	1.4%	17.5	2.6%	10	2.1%

10년이 넘게 시간관리를 위해 수많은 도구들을 사용하면서 내린 결론은 이렇다.

1. 도구보다 습관이 우선한다.
2. 아날로그로 훈련하고 디지털로 데이터화 한다.
3. 아날로그와 디지털의 장점을 모두 취한다.

앱을 이용한 시간관리는 바람직하다. 시간분석이나 통합을 위한 디지털화는 필수적이다. 하지만 우리의 생활이 메타버스에 편입되지 않는 이상, 모든 활동은 데이터로 기록되지 않는다. 때문에 디지털로만 시간을 관리하는 데에는 분명한 한계가 있다. 정확히 말하자면, 기술적 한계 없이 시간관리를 가능케 한 상품과 서비스가 아직 없다는 말이다.

아날로그 방식으로 펜을 들고 직접 시간기록표를 작성하면, 노트를 펼쳐서 시간만 딱딱 기록하면 된다. 이에 반해 엑셀이나 앱을 이용하면 여러 차례 번거로운 과정을 거치게 된다. 우선 엑셀을 구동시키기 위해서 컴퓨터 전원을 켜야 하고, 엑셀파일을 찾아서 클릭해, 입력하고자 하는 칸을 찾아 키보드로 입력해야 한다. 모바일 앱 역시 번거롭기는 마찬가지이다. 입력까지 수없이 터치해야 한다. 터치를 아무리 간소화시켜도 최소 5번 이상을 터치해야 시간을 입력할 수 있다. 시간관리를 위해 사용하는 도구인데, 정작 시간의 효율성을 떨어뜨리는 격이다. 일단 귀찮으면 지속할 수 없다. 10년 넘게 시간을 관리하면서 깨닫게 된 진리는, 습관이 가장 중요하다는 사실이다. 아무리 기술에 익숙해져도, 클릭이 늘어나면 사용률은 절반 이하로 떨어진다. 마케팅 하는 사람들은 모두 공감할 것이다.

시간관리 앱을 만들고자 마음먹었으면 벌써 몇 개의 앱을 만들었을 것이다. 그러나 여전히 입력방식 간소화에 대한 답을 찾지 못해 섣불리 개발에 나서지 못하는 중이다.

시간관리 앱에 비해 가계부 어플은 널리 상용화되어있다. 아날로그에 비해 기록도 편리할 뿐 아니라 정확도 또한 높기 때문이다. 어플이 아날로그를 추월할 수 있었던 근본적인 이유는 소비기록이 남기 때문이다. 카드 혹은 핀테크를 통한 지출이 많아지면서 우리의 소비는 자동으로 기록된다. 만약 기록에 남지 않는 현금소비가 빈번했다면 가계부 어플이 오늘날처럼 상용화 되지 못했을 것이다. 안타깝게도 우리의 시간에는 카드사용이 없다. 일일이 지출을 기록해야 하는 현금사용만 있기 때문에, 어디에 시간을 사용하는지 기록해야만 사용내역을 정확히 파악할 수 있다.

기록이 용이한 도구가 가장 좋은 도구다. 아날로그는 디지털보다 시간기록이 용이하다. 항상 손에 들고 다닐 수도 있어서, 우리에게 상징적인 의미를 전달해준다. 언제든지 시간을 기록할 수 있으며, 타인에게 내 시간을 소중히 여겨달라는 무언의 메세지 말이다. 다만, 시간을 분석할 때에는 디지털 도구를 활용할 수 있다. 우리의 계산능력보다 컴퓨터의 계산능력이 더 우월하기 때문이다. 우리는 컴퓨터가 할 수 없는 일을 하면 된다.

시간기록을 '제대로' 하는 방법

- 일단 시간을 기록하는 것부터 시작하자. 기록할 때 변화가 시작된다.

- 나만의 시간 분류 기준을 만들어보자. 시간관리가 처음이라면, 영적/지적/사회적/신체적 분류 기준을 활용해보길 추천한다.

- 기록이 익숙해졌다면, '색칠하기'를 시작하자. 분류에 따른 색칠을 통해 나의 하루를 더 직관적으로 파악할 수 있다.

- 시간관리만을 목적으로 하는 별도의 도구를 준비하자.

- 하루를 24개의 시간 블록으로 해석하자. 1시간 단위로 시간을 기록해도 목표를 달성하기에는 충분하다.

- 스케줄링이 아니라 플래닝을 하자. 목표를 적지 않는 스케줄링은 이 책에서 소개하는 시간관리에 적합하지 않다.

- 목표와 할 일을 구분하자. 할 일을 목표로 잡고 있다면 지금 당장 목표를 점검하라.

- 목적에 맞게 아날로그와 디지털을 유연하게 활용하자. 기록은 아날로그로, 분석은 디지털을 활용하기를 추천한다.

Q&A

시간기록

죄책감 없이 건강하게 쉬는 마인드는 어떻게 잡아나가야 하는지 구체적인 방법이 궁금합니다.

나도 한때 잠자는 걸 죄악시했다. 지칠 때까지 무언가를 하다 잠들었고, 항상 5시에 기상했다. 새벽형으로 일어나지 않으면 죄책감을 느끼고, 밤에도 1시, 2시까지 일을 하거나 연구했다. 그러지 않고 잠에 들면 인생을 허비하는 것 같았기 때문었다.

젊고 체력이 좋을 땐 괜찮았는데, 점점 체력이 떨어지니까 집중력이 흐트러졌다. 예전에 실무를 맡을 때에는 대단한 집중을 하지 않고도 일을 할 수 있던 때가 있었다. 지금은 내가 의사 결정권자가 되니까 많은 일을 하기보다는 정확한 타이밍에 최고의 의사결정을 하는 게 중요하게 되었다. 그런 의사 결정은 가장 정신이 깨끗하고 컨디션이 좋을 때에라야 가능하다.

그래서 나는 컨디션도 상중하로 태그를 달아보고 그날의 수면 시간과 업무 스케줄을 거꾸로 피드백을 해보았다. 그 결과, 너무 타이트한 일정이 저에게 좋지 않다는 걸 피드백하게 되었다. 그래서 피드백 결과를 반영해서, 목표를 달성하기 위해 잠자는 시간을 계속 늘리고 있다. 그리고 의도적으로 근무 시간을 줄이고 있다.

쉼이란 재충전이다. 나는 쉴 때 책을 읽고 운동을 한다. 요즘에는 가족과 함께 시간을 보내면서 새로운 차원의 휴식을 취하고 있다. 퇴근하고 나서 딸과 같이 보내는 시간이 나를 새롭게 재충전을 해주는걸 느낀다. 딸과 놀면 몸은 힘들지만 영과 혼이 쉬는 것 같아서 휴식이라고 규정하고 있다.

시간 기록을 자꾸 놓쳐요ㅠㅠ 플래너를 들고 다니는 게 번거롭기도 하고요… 어떻게하면 시간 기록을 놓치지 않고 할 수 있을까요?

물론 들고 다니는 게 번거롭고 싫을 때도 있을 수 있다. 하지만 시간관리를 놓쳤을 때 얻는 삶의 무게, 삶의 번거로움, 삶의 어려움은 그것과 비교할 수 없다. 그래서 나는 플래너를 들고 다니면서 내 삶을 관리할 수 있게 되고 성장할 수 있다면, 번거로움은 문제가 되지 않는다고 생각한다. 그리고 습관이 되면 전혀 문제가 안된다. 좀 더 직설적으로 말하면 그건 '하기 싫은 핑계'가 아닐까? 핸드폰을 들고 다니는 것처럼, 플래너도 들고 다녀보자.

시간 기록을 놓치지 않기 위해서 나는 식사 시간을 활용했다. 아침 먹기 전에 기록하고, 점심 먹기 전에 기록하고, 저녁 먹기 전에 기록하는 거다. 그리고 자기 전에 기록하고 잠에 들었다. 그러다가 어느 정도 시간이 고정화되고 나서부터는 자기 전이나 일어나고 독서하기 전에 시간을 잠깐 내서 하루 있었던 일들을 다 기록을 한다. 나는 보통 다음 주 시간 계획이 이미 나와있고, 구글 캘린더로 직원들과 공유하고 있기 때문에 그 계획에서 틀어진 것들만 기억해 내면 기록을 완벽하게 할 수 있다. 시간 계획이 어느 정도 체계 잡히고 고정화되면 이렇게 해도 괜찮다.

그리고 어쩔 수 없이 기록을 놓쳤을 때는 마음의 평안을 얻고 그냥 지나가자. 시간관리라는 건 나를 옥죄기 위함이 아니다. 이 목적이 분명해야 한다. 나의 삶을 더 분석하고 연구해서 통찰을 얻고, 그로 인해 안정감을 누리기 위함이다. 시간 기록으로 인해서 엄청난 스트레스를 받고 잠도 못 잔다면 차라리 조금 쉬어가는 게 좋다.

너무 바빠서 시간 기록을 놓쳤다면 채울 수 있는 만큼 채워보고, 도저히 기억나지 않는 건 비워두라. 지금 이 순간도 여러분에게는 새로운 시간 데이터가 생성되고 있으니, 지금부터 다시 기록을 시작해 보자.

꾸준히 할 수 있게 하는 원동력이 무엇일까요? 시간관리를 하는 게 너무 귀찮고 버겁게 느껴져요. 이럴 때, 다시 시간관리를 시작하는 방법이 있을까요?

내가 시간 관리를 계속할 수 있었던 이유는, 시간관리를 통해서 목표를 달성하고, 피드백을 누군가에게 가르쳐서였다. 시간 관리가 내가 성장하는 모습을 보여주는 도구였던 격이다. 결국 피드백을 해야 지속 가능하게 된다고 말할 수 있겠다.

나에게도 시간 관리하기 싫을 때가 있다. 그런데 정확히 말하자면 시간관리하기 싫다기보다 기록하는 게 귀찮은 거다. 관리는 하고 싶은데 기록이 귀찮을 때, 그럴 때는 그냥 안 한다. 그런데 피드백은 한다. 기록을 안 한 상태에서 피드백을 하려면 피드백할 자료가 없잖아? 그럼 텅 빈 시간분석표를 보면서 어떻게 기록할지 다시 생각한다. 하기 싫을 때는 하지 않다가, 피드백 세션 때 스스로를 마주하는 거다. '피드백할 게 없구나 이렇게 살면 인생이 망가질 텐데… 다음 주부터 다시 열심히 기록해야지' 스스로를 격려하고 마무리하는 거다.

많은 분들이 번아웃이 와서 시간관리를 그만둔다고 하던데… 나는 오히려 번아웃을 경험할 때, 내가 정말 죽을 것 같을 때 지푸라기처럼 시간관리를 붙잡는다. 여유가 넘쳐서 시간 관리를 안 해도 나의 삶이 다 통제된다고 느껴질 때 오히려 시간관리를 잘 안 하게 되는 것 같다. 그러다가 바빠지고 힘들어지고 어려워지면 시간을 돌아본다. 그럴 때 기록이 없으면 발전을 못 하니까 더 정교하게 쓰게 된다.

그리고 유튜브 보는 시간이나 노는 시간을 마주하고 싶지 않아서 시간 기록하기 싫어진다고 말씀하시는 분들도 있더라. 그런 기록을 보고 싶은 사람이 어디 있겠나. 하지만 팩트는 팩트니까 그걸 다 기록으로 남겨 놓고, '내 모습이 싫어'가 아니라 '어떻게 그 시간을 줄일까'를 고민하면 된다. 낭비 시간을 조금이라도 줄이는 것에 희열을 느끼는 거다. 이번 주에 세 시간 유튜브를 봤어? 그럼 다음 주에는 두 시간만 보면 된다. 피드백을 하면서 '어? 줄었다. 성장했네.' 이렇게 스스로를 동기 부여시키는 거다. 현상에 무게를 두기보다 성장하고 나아진 것에 무게를 둬라.

회사에서 꼭 갖춰야 할 거절 스킬

C사 후원자 성장팀에서 일하고 있는 W님의 인터뷰

이준희 대표님과 언제, 어떻게 처음 만나셨나요?

2013년도 즈음에 처음 뵈었습니다. 제가 원래 이패션 상품 기획을 하다가 그룹 사내공모를 통해 인사로 이동하게 되면서 호텔 사업부 인사팀의 팀장님으로 그렇게 만나게 되었어요.

그 당시 이준희 팀장님과 시간관리와 관련해서 가장 기억에 남았던 순간에 대해 알려주세요

그 당시 이준희 팀장님은 시간관리에 굉장히 철저하신 분이셨어요. 매주 팀 주간미팅 때마다 지난주 시간기록을 보여주시면서 이번 주에 어떤 프로젝트에 얼마나 시간을 쓸 것인지 이야기해주시고, 팀원들 시간기록까지 피드백해주셨던 기억이 나요. 지금 이 인터뷰를 보시는 분들은 숨 막힌다고 느끼실 수도 있는데, 팀장님이 먼저 솔선수범하시고 후배들에게 전수해주시려는 모습이 정말 좋았어요.

제가 팀장님을 만나기 전에, 현장에 배치받아서 일할 때에는 팀장님처럼 사는 사람이 없었거든요. 현장에서 일에만 치여서 살다가 인사팀으로 이동해서 가치 중심적인 라이프스타일을 배울 수 있어서 행복했던 거 같아요.

W님이 이준희 대표님을 만나기 전에 느낀 것처럼, 많은 사람들이 시간관리를 너무 낯설고 적용하기 어려운 것으로 느끼는 것 같아요. 그런 분들에게 해주고 싶으신 조언이 있으실까요?

제가 현장에 있을 때 시간을 관리하기 어려웠던 이유는, 시간관리를 하면서 사는 사람을 직접 보지 못한 영향이 커요. 거기다가 시간을 계획하더라도 그 당시에는 갑자기 닥쳐오는 예상치 못한 급한 일들이 너무 많았거든요. 신입이라 제시간을 컨트롤 하기 어려웠고, 시키는 일을 위주로 빨리해내다 보니 거기서 느낀 현실과 이상의 괴리 때문에 시간관리를 아예 놓아 버렸었죠. 사실 시키는 일을 빨리하는 게 그때의 우선순위에 맞

고, 거기에 알맞은 시간관리를 하면 되는 건데 저는 그걸 몰랐어요. 물론 저에게 알려주는 사람도 없었죠.

그러다가 이준희 팀장님을 만나게 되었는데, 팀장님은 팀원들의 시간 기록을 매주 검사하셨어요. 아무리 바빠도 시간관리는 무조건 하라고 하시면서 처음부터 기강을 잡으셨거든요. 안 하면 혼나니까 아무리 바빠도 억지로 하면서 습관을 만들었던 것 같아요.

제 현장 시절과는 다르게, 이 책을 읽고 계신 분들에게는 "이형"이 있고, 이걸 함께 도전할 수 있는 커뮤니티도 있잖아요? 마음만 먹는다면 제가 인사팀에서 이준희 팀장님을 만나고 형성된 환경을 충분히 만드실 수 있을 거라고 생각해요:)

시간관리를 하면서 가장 크게 달라진 부분은 무엇인가요?

저는 조금 조급한 스타일이에요. 일이 있으면 빨리 해결하고 싶어하는 스타일인데, 회사의 모든 일을 그렇게 할 수는 없잖아요? 그러다 보면 약간 멘붕에 빠질 때가 자주 있었어요. 예상하지 못한 일들이 몰려들고, 원래 하려고 했던 일들이 계속 뒤로 밀리면 마음이 너무 불편하고 멘붕이 딱 옵니다. 그냥 놔버리게 되는 거죠.

그런데 시간관리를 하다 보니까 무엇을 우선적으로 하고, 나중에 해야 하는지 관리할 수 있게 되더라고요. 팀장님도 제가 어떤 일을 하고 있고 앞으로 무엇을 해야 하는지 잘 모르실 수도 있잖아요? 그럴 때는 제시간을 기록하고 저의 계획을 팀장님께 가서 말씀드리는 거죠. '이번 주에 제가 이거 이거에 중요한 우선순위를 두려고 합니다.' 또는 '지금 예상치 못한 일들이 들어와서 제가 시간을 못 쓰고 있습니다'고 말씀드리면 팀장님도 쉽게 이해를 하시죠.

그런 시간기록이 없이 '저 지금 너무 바쁘고 힘들어요'라고만 이야기하면 팀장님이 이해하기 어려우시잖아요? 그런데 기록이 있으면 객관적으로 소통할 수 있게 되는 거죠. '제가 이번 주 계획이 이거 이거였는데, 지금 급한 일들이 더 생겼습니다. 급한 일들을 먼저 처리하는 게 맞을까요?' 이렇게 여쭈어보면 팀장님께서 우선순위를 정리해주시고 '그럼 정리해주시는 것을 먼저하고, 나머지는 시간이 부족해 시간을 조금 더 주시면 언제까지 처리하겠습니다'라고 조율을 하는 거죠.

이런 식으로 조율하고 나니까 저도 업무에 더 집중하고 몰입할 수 있었던 것 같아요. 시간관리는 저에게 갑작스러운 요청들이 들어와도 진짜 해야 하는 일들을 상사와 같이 규정하고 거기에 집중하게 도와주는 도구였던 거죠.

이 시간관리 방법을 다른 분들에게도 추천하시나요?

네. 다른 분들도 이 책에서 제안하는 시간관리 방법을 꼭 따라 해보시면 좋겠어요. 특별히 사회 초년생이라면 시간 관리가 더 어려울 거라고 생각해요. 대부분 회사에서 시키는 걸 많이 하게 되는 시기니까요. 그래서 당

장 발등에 떨어진 일만 하고, 예상하지 못한 걸 자꾸 해야만 하는 시즌이죠. 그럴 때가 바로 시간 관리가 가장 필요한 때거든요. 실제로 사용한 시간을 기록하고, 목표를 설정해서 목표와 관련된 시간 사용을 기록해보세요. 일단 기록물이 있어야 나중에 평가나 상사와 면담을 할 때 객관적인 근거로 소통할 수 있어요.

상사에게 여러분의 어려움을 그냥 이야기하면 상사 입장에서는 이해가 어렵거나 투정하는 것처럼 보일 수 있어요. 그런데 객관적인 본인의 시간 사용과 업무 현황에 대한 기록을 가지고 상사와 이야기하면, 목표 설정이나 업무 기획을 본인에게 더 알맞도록 조율·합의할 가능성이 높아져요. 사회초년생 때는 그런 조율이 분명히 필요할 거거든요. 그런 걸 잘해나가야 점점 더 일잘러로 성장할 수 있지 않을까 하는 생각이 들어요.

이렇게 시간을 계속 관리하다 보면 본인에게 맞는 방법을 찾아가게 될 거에요. 저도 지금은 모든 시간을 다 기록하지 않고 덩어리로 다루어야 하는 중요한 프로젝트를 위주로 작성하고 있어요. 제가 시간을 어떻게 사용하고 있는지 어느 정도 머릿속에 들어와 있거든요. 여러분들도 꾸준히 시간을 관리하면서 여러분만의 시간관리 노하우를 찾고 원하는 목표를 달성하시면 좋겠네요:) 화이팅!

PART 3

죽어가는 것과 성장하는 것의 차이

Make your time more alive

Chapter 07

바쁘게 살아도 남는 게 없었던 이유

좋은 계획의 필수 조건 : 목표

시간을 잘 사용했는지 어떻게 평가할 수 있을까? 평가에는 분명한 기준이 있어야 한다. 시간관리를 처음 시작하면, 시간을 알차게 보내는 게 무엇인지 모르기 때문에 제대로 된 평가를 하기 쉽지 않다. 나도 초반에는 '내가 얼마나 바빴는지'를 평가의 기준으로 삼았다. 빈 시간을 없애고, 빈둥거리는 시간을 제거하는 데에 초점을 맞추었다. '늘 무언가를 열심히 하고 있는가'를 목표로 삼았다. 나의 캘린더와 시간 기록표는 할 일 목록으로 빼곡했다.

앞서 말했지만, 나는 사회 초년생 시절에 '바보' 소리를 듣고 살았다. 당시의 시간기록을 보면, 대부분의 시간이 클레임 해결, 상사의 지시 이행, 물류창고 지원과 같은 시간으로 가득 차 있었다. 사회 초년생 때 누구나 할법한 일들이다. 그런데 문제는 며칠 밤을 새워서 업무를 보고 미친 듯이 열심히 일했음에도, 누구 하나 나를 좋게 평가하지 않는다는 사실이었다. 도움을 요청한 동료가 일이 끝나면 자기 성과만 챙겨서 도망간다. 시간이 지나고 보면 내 업무는 미루어졌고 마땅히 내야 할 결과물은 없었다. 성과를 평가할 때에는 여기저기 도와주고 수고한 것에 대해서 아무도 말하지 않고, 내가 할 수 없었던 일만 이야기하는 것 같았다. 이와 같은 일들이 반복되면서 '착하기만 한 게 좋지 않구나, 내 것을 먼저 잘 챙겨야 하는구나' 하는 생각을 정말 많이 했었다.

5월 5일은 어린이날이다. 대통령령으로 정한 법정공휴일로, 대한민국 국민이 쉬는 날이다. 직장에도 어린이날이 있다. 상사령(?)으로 정해지는 휴일 같은 날이다. 외부출장 등으로 상사가 자리를 비우는 날이자, 처음으로 직장생활을 달콤하게 느끼기는 날이기도 하다.

날마다 바보 취급을 당하던 어느 날, 브랜드장님이 지방출장으로 3일간 자리를 비우셨다. 어린이날의 자유가 찾아왔다. 여유롭게 자유를 만끽하던 도중 문득 곧 마주할 미래가 떠올랐다. 브랜드장님이 출장에서 돌아오시고 '지금까지 뭐했느냐'며 지적과 거친 피드백을 할 게 뻔했다. 예정된 재앙을 피하고자 늘 문제가 되었던 재고처리 방안에 대한 분석과 기획안을 만들어 보았다.

당시에 내가 근무하던 부서는 신규 브랜드였기 때문에 체계가 구축되지 않았다. 재고처리 프로세스도 미비했는데, 이로 인해 재고처리에 많은 시간을 쏟을 수밖에 없었다. 브랜드장님이 출장에서 돌아오셨다. 욕 좀 그만 먹으려고 작성한 기획안을 보고했다. "그래 내가 하라는 게 이런 거였어!" 칭찬에 인색했던 분이 무언가 만족스러우셨나 보다. 욕먹기 싫은 마음에 한 일이었지만, 칭찬을 한번 받고 나니 일을 바라보는 나의 관점에 변화가 생기기 시작했다. '어차피 일해야 하고, 어차피 출근해야 한다면 칭찬받고 인정받는데 시간을 쓰자.' 업무에 성과라는 개념이 탑재된 순간이었다.

이전까지 시간관리의 목표는 '수행'이었다. 해야 할 일들의 목록을 처리하고, 문제 생기지 않도록 확인하는 게 목표의 전부였다.

'전표 처리 완료', '매장주 소통완료', '재고 회전 00건 진행'

성과라는 개념이 들어서자 시간관리의 목표도 바뀌었다.

'재고 회전율 00%', '매출 0% 증가', '00매장 오픈매출 00만원'

'수행'에서 '기획'으로, 관점이 전환된 순간이었다.

처리해야 할 업무를 수행하는 수준에서, 시간이라는 자원을 투자해 결과물을 만들어 내는 '경영'의 개념을 도입하게 된 것이다.

시간을 효과적으로 활용하기 위해서는 반드시 업무를 기획하는 데에 시간을 투자해야 한다. '수행'이 시간관리의 목표라면 주어진 일, 시키는 일, 당연히 해야 하는 일을 쳐내기에 급급해진다. 더 쉽게, 더 많이, 더 큰 성과를 내게 하는 기획을 놓치게 된다.

이 교훈을 깨닫고 나서, 일주일에 최소 7%의 시간을 업무기획에 할애하기 시작했다. 이때부터 시간의 밀도가 달라졌다. 현재는 30% 이상의 시간을 기획에 할애한다.

그 때부터 나는 '기획' 시간을 planning으로 별도 설계했다. 최소한 업무 시간의 몇%는 기획업무에 투자해야겠다고 결심하면서, 나의 직장생활은 점차 변화를 맞이하게 된다.

시간관리에는 반드시 목표가 있어야 한다. 목표가 실행보다 기획에 맞춰질 때, 몰입할 수 있다. 기획에 에너지를 쓰기 시작하면, 일이 재미있어진다. 워라밸을 잘 챙기려는 삶에서 자신의 커리어로 관점이 옮겨지게 된다. 시간만 바꿔도, 회사에서 인정받는 수준이 달라진다는 사실을 경험하게 되면 더 집중해서 시간을 관리하게 된다. 이 단순한 원리는 직장인에게만 적용되는 게 아니다. 학생, 주부, 프리랜서 등 모두에게 적용된다. 자신의 상황에 맞추어 기획이 필요한 영역에 도전해 보자.

직장인 외에도 적용할 수 있는 목표 리스트

- 토익 990점 받기
- 중간고사 전교 3등하기
- 동아리 축제 만족도 30% 향상시키기
- 책 매주 1권 읽고 서평 쓰기
- 회사 10개 지원서 제출하기
- 현직자 인터뷰 30명 성공하기
- 경제신문스크랩 매일 2개 하기
- 운동 주 3회 하기
- 신약 통독 2회 하기
- 10kg 감량하기
- 파이널컷 학습을 통해 영상 3개 편집하기
- 시드머니 1000만원 모으기
- 운전면허증 따기

⋮

1달밖에 못 산다면 무엇을 할 것인가?

내가 처음 시간관리 강의를 접했을 때, 강사에게 들었던 질문이다. 정확한 질문은 '6개월이 주어진다면 무엇을 하겠는가?'였다. 제한된 시간이 6개월이라면 생각보다 많은 것을 선택할 수 있다. 그래서 나는 질문의 기간을 한 달로 줄였다.

당시 워크샵에 함께 참여했던 사람들은 일을 그만두고 가족들과 여행을 간다거나, 집에서 시간을 보낸다거나 하는 답을 가장 많이 했었다. 나는 당시에 이스라엘을 무척 좋아했던지라, 아내와 함께 이스라엘로 떠나서 죽음을 맞이하는 순간까지 새로운 경험과 기도를 하겠다고 답했다. 사람들이 내 답을 신기해했던 기억이 난다.

책을 쓰며 이 질문을 다시 마주해보았다. 나는 한 달이라는 시간을 어떻게 보낼까? 아무리 생각해도 지금 하는 일을 계속할 것 같다. 가족과 함께 지내면서 이 책(Focus)을 어서 완성하고, 강점에 대해서, 의사소통에 대해서, 이직과 커리어에 대해서, 창업과 리더십/HR에 대해서 저술하면서 유튜브에 최대한 많은 영상을 업로드하는 것 말이다. 삶의 루틴 또한 그대로 유지할 것 같다. 새벽에 일어나서 성경 읽고 기도하는 시간, 오전에 팀원들과 프로젝트를 논의하는 시간, 오후에 유튜브 촬영하고 연구하는 시간, 라이딩 혹은 러닝을 하는 시간은 결코 뺄 수 없다. 당신에게 한 달의 시간만 남더라도 지금의 삶을 유지할 수 있는가? 그렇다면, 이미 완벽하게 시간을 관리하는 중이다. 지금의 삶에 최선을 다하면 된다.

내가 지금 하고 있는 일을 계속하겠다고 단언한 이유가 있다. simple life라는 개념 때문이다. 여러 저술활동, 유튜브, 회사 운영, 신앙생활, 운동, 가족과의 시간 등 굉장히 다양한 활동을 하는 것처럼 보이지만, 내 머릿속에는 단순한 몇 가지의 활동으로 인식된다. 대한민국 청년들을 위한 컨텐츠를 제작하는 일(책 저술, 유튜브, 회사 프로젝트), 이를 효과적으로 해내기 위한 자기관리(운동, 모닝루틴)와 관계(가족)가 내 삶의 모든 것이다. 활동은 여러 가지 일 수 있으나, 연관된 일들을 하나의 활동으로 연결시켜 보아야 한다. 그래야 집중시간이라는 개념을 활용할 수 있다.

내가 실무자 시절에 작성한 시간기록은, 모두 행동중심으로 구성되어 있다. 2013년 시간기록을 살펴보면서 대표적인 예시를 들 수 있었는데, 나는 새벽 5시에 일과를 시작해서 밤 12시 정도에 잠자리에 들었다. 한 주간의 시간기록표를 보면 정말 많은 사람과 면담하고, 프로젝트도 진행하고, 보고서도 작성하고, 여행사업부도 피드백했다. 하는 일은 정말 많다. 그런데 문제는 시간들이 집중된 형태인 '덩어리'로 뭉쳐져 있지 않기 때문에, 아무런 결과물도 얻지 못했다. 그냥 바쁘고 열심히 사는 사람이었다. 면담-분석-기획안 작성. 덩어리로 시간을 뭉치는 것은 각기 달라 보이는 업무 같더라도, 실제로는 연결된 업무를 의도적으로 연속적으로 배치하는 방법이다.

황농문 박사의 '몰입' 혹은 칙센트미하이 박사의 '몰입의 경영'이라는 책을 보면, 사람이 몰입하는 데에는 시간이 필요하고, 한 가지 주제를 계속 보고 있거나 고민할 때, 생산성이 몇 배나 향상된다는 연구 결과를 배울 수 있다.

당시 나의 목표는 '그룹 핵심가치 프로젝트의 커리큘럼 개발'이었다. 이미 개발한 내용을 피드백해서 업그레이드하는 게 목표였다. 일과에는 여행사업부 사업에 대한 진단과 제안서를 만들어 드리는 일정이 있었다. 당시 여행사업부의 핵심상품이 중동의 성지순례 상품이었기 때문에 이스라엘을 잘 아는 나에게 여행사업부 대표이사님이 도움 요청을 하셨었다. 여행사업부 업무는 정말 하고 싶은 일이었고, 핵심가치 커리큘럼 개발은 해야만 하는 일이었다. 지금이라면 당연히 해야 하는 일을 먼저 배치하고 하고 싶은 일을 했겠지만, 당시 미숙한 나로서는 나를 알아봐 주시는 대표이사님을 만족시켜드리고 싶었다. 이미 오랜 시간을 쏟은 커리큘럼은 금방 끝낼 수 있을 것 같았다.

사실은 거꾸로 가야 했다. 내 본 업무, 고객의 요청이 큰 것에 먼저 집중하고, 그다음 순으로 해도 좋은 일들을 배치해야 한다. 해야만 하는 일이 익숙했다면 분명히 업무를 빨리 완료할 수 있었을 것이고, 내가 하고 싶었던 성지 여행상품을 조언하는 일에 더 몰입할 수 있었을 것이다. 반드시 해야만 하는 일과 하고 싶은 일을 분류하는 것이 첫 단계다. 이 개념은 너무도 중요한 개념이기 때문에 뒤에서 조금 더 상세히 다루겠다.

두 번째로 거쳐야 할 과정이 바로 덩어리로 시간을 뭉치는 것이다. 각 업무들을 연속적으로 배열해서 집중시간을 갖는 걸 의미한다. 업무 하나하나의 시간을 따로 보지 말고, 연속된 시간으로 보자. 결국 그 시간을 통해서 얻고자 하는 게 있어야 한다. 목표에만 집중하는 것이 simple life다.

집중을 위한 마지막 단계는 낭비제거이다. 얻고자 하는 바가 명확하고, 연속된 시간을 배치하다 보면, 반드시 불필요한 시간들이 튀어나온다. 불필요함을 알아도, 제거할 수 없는 시간들도 있다. 나의 경우를 예로 들자면, 자료 출력, 팀원 면담과 같은 시간이다. 돌발적으로 건 정기적으로 건 제거할 수 없는 시간은 언제나 발생할 수 있다. 이때는 과감하게 후순위로 미루거나, 연기를 요청해야 한다. 후순위라 함은 하루의 후반부 즉, 퇴근 전 시간대 정도나, 한 주의 후반부 즉, 집중도가 가장 떨어지는 목요일 이후를 지칭한다. 미팅 연기를 요청해보면, 중요하지 않은 일이 스스로 해결되어 버리는 경우도 많이 있다. 일이 알아서 처리되면, 약속된 미팅시간에 새로운 과제를 함으로써 나도 리프레시 될 수 있다. 중요하지 않은 시간을 과감하게 삭제해야만 simple life가 가능하다.

이 세 가지 기준으로 나의 시간을 다시 배치하면 결과가 다음과 같이 바뀐다.

여러분도 지난 시간기록표를 다시 펼쳐서 시간을 어떻게 배치하는 게 좋았을지 연습해보자. 시간 배치의 기술을 습득하는 데 큰 도움이 될 것이다.

굉장히 유명한 시간관리 비유가 있다. 바구니에 큰 돌과 작은 돌, 모래를 넣는 예화이다. 어떻게 하면 돌과 모래를 남기지 않고 바구니를 가득 채울 수 있을까. 시간관리에 관심이 있는 사람이라면 이미 많이 들어서 알고 있겠지만, 답은 아주 간단하다. 모래, 작은 돌부터 집어넣어서는 공간이 부

시간 재분류표 비포 애프터

시간	Before	After
3		
4		
5	새벽예배	새벽예배
6	출근	출근
7	QT	QT
8	ES - A님 면담	그룹핵심가치 PJ
9	여행사업부 피드백	면담, 분석, 기획 1차
10	FS히스토리 정리	↓
11	?	↓
12	점심	점심
13	면담 분석	ES 히스토리 정리
14	필리핀 방문 정리	↓
15	투어 피드백	↓
16	ES - T님 면담	기획안 작성
17	메일 답장	↓
18	퇴근	퇴근
19	축구훈련	축구훈련
20	↓	↓
21	필독서	아내와 대화
22	아내와 대화	↓
23	취침	취침
00		
1		
2		

족해 큰 돌을 절대 넣을 수가 없다. 큰 돌을 먼저 넣고 빈자리에 작은 돌을 넣고, 빈틈을 모래로 채워넣어야 한다.

바구니 비유는 시간관리를 가장 직관적으로 설명해 주는 좋은 예시이다. 우리의 인생이 바구니라고 가정한다면, 가장 중요한 큰 돌부터 바구니에 먼저 담아야 한다. 이 책의 결론이라고 말할 수 있는 개념인데, 앞으로 '집중시간'이라고 부르겠다. 내가 했던 실수처럼 작은 돌, 모래에 집중하지 말자. 자투리 시간은 그 어떤 의미 있는 결과물도 낼 수 없다는 사실을 기억하자.

집중시간은 무엇이고 어떻게 배치하는가? 앞서 말했던 '한 달만 산다면'의 질문을 깊게 들여다보라. 자연스럽게 내가 집중할 시간이 무엇인지, 어떻게 배치해야 하는지 떠오를 것이다. 나의 시간배치 즉, 시간계

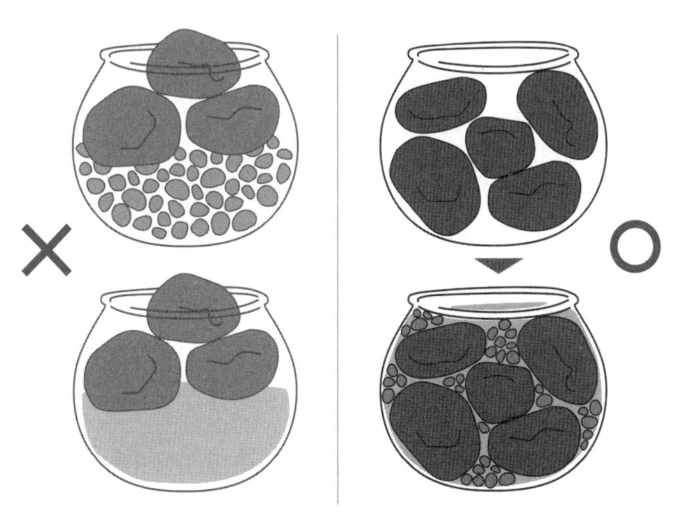

'자투리가 아닌 우선순위다'

획의 결론은 자투리 시간을 없애는 집중시간의 배치였다. 바구니에 큰 돌을 먼저 담는 행위였다.

우선순위 4분면 (Focus board)

내 시간관리는 아주 치열한 우선순위와의 싸움이었다. '더 중요한 게 무엇인가?' '후순위 중에서 어느 게 더 중요한가' '중요한 시간을 방해하는 요소들은 어떻게 없앨 수 있을까?' 시간관리는 결국 이 싸움이다. 어느 달은 직장업무와 관련된 사회적 목표에 몰입한 달이 있는가 하면, 다른 달은 사회적 목표를 제외한 모든 영역의 목표를 달성한 경우도 있다. 내가 한 달을 보내고 시간을 피드백하면서 회고한 메모를 소개한다.

피드백은 언제나 아쉽다. '이렇게 계속 가도 될까?' 스스로에게 물음표를 던진다. 때마다 불안했고, 무언가를 놓치고 있는 것 같은 실체 없는 두려움이 나를 힘들게 한다. 열심히 살아도 아쉽고, 열심히 한 만큼 아쉽다. 차라리 대충 살거나, 시간관리에 관심이 없다면, 아쉬움도 없을지 모르겠다. 분명히 시간관리는 우리의 두려움을 덜어내고 안정감을 주어야 하는데, 때로는 근심을 주기도 한다. 이 근심은 시간관리의 의도에 어긋나는 마음이다. 근심에 매몰되어 버리면, 두려움과 조급함에 쫓기면 우리의 삶을 긍정적으로 만들 수 없다. 반드시 해결해야 할 이슈이다. 나는 일련의 불안감을 제거하기 위해서 Focus board를 사용하기 시작했다. 우선순위를 판단하는 데 도움이 되는 일종의 템플릿인데, 생각

월 피드백 일기

	목표	실천계획/시간계획	달성율	피드백
영적	WPS 12%	SPJ 인사팀 기도 모임	52% 89%	새벽기도가 자리를 잡아가고는 있는데 공예배 참석율이 너무 낮다. SPJ라는 새로운 방법을 깨닫게 되었다. 내 삶의 우선순위. 지혜와 계시의 영은 말씀을 통해서만 얻을 수 있다.
지적	인재개발팀 조직화 필독서 5권 SNC BPR 조직화	온보딩 PJ팀 조직화 MBWA 연역적 스케줄	161% 179%	지난 3월 내 삶의 우선순위가 프로젝트라는 결론이 나왔다. MBWA를 목표로 했는데 의미있는 시간 사용이 되었다.
사회적	핵심 사이트 조직화 KRS 세팅	신규입사자 면담(부산) F2, F3 세팅	15% 51%	한번 MBWA 진행하니 면담시간이 많이 늘었다. 서울도 챙기자. 내가 남은 시간동안 해야 할 것이 무엇인지 묻는다면 KRS다.
신체적	체지방율 18% JFP 12회	주 3회 자전거 출근 PSD 30	22% 60%	자전거 출퇴근이 자리를 잡아가고 있다. 다시 PSD 시작해야 한다.

이번달 전체	이번달을 보면 내 삶의 목적이 프로젝트인 것 같다. 어학에 대한 분명한 피드백을 해야 한다. 1분기를 지나는 동안 단 한시간도 사용하지 않았다. 내가 회사에 남아있는 동안 해야 할 가장 중요한 것을 뽑으라면 KRS다. 근데 프로젝트 하느라 다른 것들을 놓치고 있다. 이제 F2를 정말 세워야 한다.
영적 피드백	말씀을 더 많이 읽어야 한다. SPJ가 내 삶의 솔루션이 될 것이다. SPJ를 통해서 예배와 기도, 말씀의 중심을 잡아가도록 하자. 기본적으로 SPJ, QT를 통해서 말씀이 압도적으로 많아야 하는데 현재 그렇지 않다는 것을 보면 말씀생활에 문제가 있다는 것이다.
지적 피드백	MBWA를 가는 것이 성과를 내는 가장 빠른 방법이다. MBWA는 땅밟기이다. 성과내야 할 현장으로 가자!
신체적 피드백	JFP가 월 3회만 달성했다. 사실 점심 한끼만 신경쓰면 되는 것인데… 우선순위에 두고 있지 않다는 것이다. 현재 몸 상태가 이를 증명해 준다. 먹는 걸 바꿔야 몸이 바뀐다.
다음달	다음 달에 JTM에서 놀라운 변화를 줘야할 부분을 우선순위로 보면 WPS, 어학, KRS 이다. 초점을 잡고 전략적으로 전환하도록 하자.

정리를 도와주는 심플한 양식이다. 포커스 보드는 크게 4분면으로 구성된다. 긴급도와 중요도를 구분시켜 우선순위를 점검하는 표이다. 사용

하는 이마다 여러 이름으로 불렀는데, 나는 포커스 보드라고 이름을 붙였다. 집중을 위한 우선순위 판단 도구로 사용했기 때문이다.

포커스 보드는 중요도와 긴급도를 기준으로 우선순위를 분류하는데, 내가 처음에 겪었던 어려움은 바로 '중요도를 무슨 기준으로 판단하는가'였다. 우리는 특별한 주의를 기울이지 않는 한 긴급한 일에 우선적으로 반응한다. 하지만, 긴급도와 상관없이 중요도가 높은 일들이 있다. 긴급도에 함몰되면 중요도를 놓치기 때문에 일을 열심히 해도, 해야 할 것들을 제대로 하지 못하는 경우가 발생한다.

문제해결을 위해 중요도와 긴급도에 대한 기준을 제시하고자 한다. 우선순위를 판단할 때 중요한 기준점이 있다. 바로 기회와 위기이다. 중요도는 내가 생각했을 때 중요한 것으로 산출하지 않고, 시간을 썼을 때 임팩트가 큰 것을 기준으로 산출한다. 스스로에게 '무엇이 중요한가?'라는 질문을 던져보라. 답을 하는 데에 우리의 느낌과 감정이 굉장히 크게 반영됨을 알 수 있다. 질문을 바꾸어 '무엇을 해야 가장 큰 성과가 있는가?'라고 자문해보라. 앞 질문과는 다른 기준으로 답을 내리는 당신을 마주할 것이다. 성과라는 단어를 꼭 회사생활에만 한정시킬 필요는 없다. 회사는 하나의 예시일 뿐, 내 삶에 다양한 영역에서 무엇이 의미 있는 시간인지 정해서 중요도를 매기면 된다.

My focus board

중요▲

2분면 | 급하지 않지만 중요한 일, 하지 않았을 때 바로 문제가 생기진 않지만, 기회를 잃어버리게 만드는 것

- 신규 사업 발굴
- 직원 성과 수치화 시스템 (OKR)
- 3D 프린터 제품화 시도
- 지방 개발 플랜 체계화
- 인문서적/ 경영 서적 학습

1분면 | 급하고 중요한 일(데드라인 임박), 하지 않았을 때 큰 문제가 생기거나 큰 기회를 잃어버리는 것

- Alive 세계관 만들기 (유튜브 영상 기획)
- 커리어 GDR 모델 만들기
- 시간관리 책 출간하기

긴급▼ 시간을 미리 배정해서 미뤄지지 않게 챙겨야 할 일 / 긴급/중요한 일을 못하게 하는 것 | 데드라인 임박, 지금 당장 해야 할 일 / 프로세스를 바꾸면 대체 가능한 일 긴급▲

- 영상편집
- 외부 강연/ 광고
- 외부 사업 제안 관련 미팅
- 쇼핑 시간
- 유튜브 / 넷플릭스

4분면 | 안해도 상관없는 일, 여기에 쓸 시간을 줄이고, 2분면의 시간을 늘려야 크게 성장할 수 있다.

- 간수치 정상화
- Alive 인재풀 만들기
- 7M 필독서 리스트 만들기

3분면 | 중요하지 않지만 급한 일, 현상 유지하는 종류, 하지 않으면 다른 사람(고객 등)에게 클레임을 받는 일

중요▼

1~3분면은 계획 단계에서 작성하고, 4분면은 시간을 피드백할 때 작성한다.

긴급도는 기회의 정반대인 위기를 기준으로 삼아야 한다. 보통 안 하면 큰일 나는 일들이 높은 긴급도를 차지한다. 중요도에 비해 긴급도를 분류하는 일은 크게 어렵지 않다. 왜냐면, 누군가가 항상 당신에게 그 우선순위를 독촉하고 있기 때문이다.

가장 신경 써서 관리하고 우리의 삶을 바꿀 수 있는 일들은 주로 2분면에서 발생한다. 바로 중요도는 높은데 긴급도가 높지 않은 일들이다. 2분면에 해당하는 시간들은 대부분 하고 싶고, 하면 좋겠는데 안 해도 아무런 일이 생기지 않기 때문에 계속 우선순위에서 밀린다. 주로 건강과 관련한 일들이나, 업무에서도 질적인 개선과 연결된 업무들이다. 하면 무조건 좋고, 그런 일을 해야 하는데 긴급도가 떨어지기 때문에 하지 못하고 계속 미룬다.

나는 이걸 '언젠가는 병'이라고 부르고 싶다. 마치 노래 가사처럼 '언젠가는'이라고 미루지만 결코 우리는 그 시간을 만날 수 없다.

2분면에 시간을 사용하지 않으면, 우리의 삶은 바뀌지 않는다. 중요도와 긴급도가 모두 높은 1분면은 우리 시간의 대부분을 차지한다. 그 다음으로 많이 보내는 시간은 대게 3분면이다. 중요도는 낮지만, 긴급도가 높은 시간. 안 하면 욕먹고 귀찮아지는 시간이다. 그래서 시간관리 혹은 우선순위를 크게 신경 쓰지 않으면 나도 모르게 1분면보다 3분면에 더 많은 시간을 쏟는 경우가 더러 있었다. 여기서 2분면을 활용하면,

시간의 역전현상을 막을 수 있다. 2분면에 사용해야 하는 시간을 마주하다 보면 3분면에 시간을 사용하고 싶지 않아진다.

나의 2분면 시간 사용 리스트

- ☑ 신규사업 발굴
- ☑ 직원 성과 수치화 시스템 (OKR)
- ☑ 3D 프린터 제품화 시도
- ☑ 지방 개발 플랜 체계화
- ☑ 인문서적/ 경영서적 학습

나는 2분면에 시간을 보내기 위해서 가용시간의 20%를 2분면에 의무 사용하도록 시간을 배치했다. 내가 의지적으로 시간을 내지 않으면 절대 2분면에 시간을 사용할 수 없다. 우리가 1분면에 시간을 많이 쓰던, 3분면에 시간을 많이 쓰던 둘 다 긴급도에 쫓기는 시간이기 때문에 지치기 쉽다. 그래서 보상심리가 작동되고, 휴식을 취해야만 할 것 같은 생각이 든다. 내 말뜻은 쉬지 말고, 스스로를 학대하라는 뜻이 아니다. 2분면에 시간을 사용하는 데에 우선순위를 두라는 뜻이다.

구글에서 업무시간에도 업무와 상관없는 일을 무조건 20% 사용하게 하는 정책을 시행한 적이 있다. 가용시간의 20%를 2분면에 할애하는 전략과 같은 맥락이라고 본다. 구글은 세상에 없는 서비스를 만들어 내고, 기술 민주화를 목표로 모든 엔지니어들이 전력 질주하는 회사이다. 그런데 현업에 쫓겨서 일만 하면, 경쟁사에게 밀릴 수도 있고 무엇보다 창조성과 참신함이 사라진다. 그런 현상은 구글의 정체성과도 맞지 않기 때문에 회사 차원에서 제도로 대비책을 세운 게 아닌가 생각해 본다.

나의 2분면은 보통 학습과 관련이 많다. 미래를 위한 학습, 경쟁력을 갖추기 위한 도전과 밀착되어 있다. 항상 시간이 없고 쫓기는 삶을 살았기 때문에 강력한 구조를 만들지 않으면 쉽게 2분면을 잊고, 시간을 제대로 사용하지 못하는 경우가 잦았다. 이럴 때 내가 주로 사용했던 방법은 익숙한 곳을 떠나는 방법이었다. 집이나 회사 등 익숙한 곳에서는 관성에 의해서 기존에 하던 일이 먼저 떠오른다. 즉 늘상하던 1분면 혹은 3분면에 시간을 사용할 수밖에 없다. 그래서 익숙한 공간을 떠났다. 근처에 분위기 좋은 카페일 수도 있고, 차를 타고 가까운 교외로 이동할 수도 있다. 나의 이런 성공경험은 회사에서도 적용되었다. 우리는 분기마다 일주일 동안 업무를 차단하고, 기획을 위한 미팅을 떠난다. 최근에는 코로나로 인해서 어딘가로 떠나는데 굉장히 제약이 컸지만, 그럼에도 불구하고 틈만 나면 어딘가로 떠난다.

장소를 바꾸면 주위를 환기시킬 수 있다. 기존의 생각과 관점에서 벗어날 수 있다. 이것은 정말 중요하다. 이런 변화를 통해서 구별된 시간을 사용할 수 있다. 2분면에 쓸 시간은 반드시 의도적으로 구별해서 사용해야 의미를 남길 수 있다. 일단 떠나라. 예약을 먼저 잡고, 그 시간에 돈을 쓰는 것부터 먼저 해라. 그 장소에서는 2분면의 활동만 하자. 단순한 변화가 당신의 인생을 바꾼다.

중요도도 떨어지고, 긴급도도 떨어지는 시간 찾아내는 방법

앞에서 시간관리의 가장 첫째 되는 계명은 낭비시간의 제거라고 말한 바 있다. 포커스 보드를 활용해 낭비시간을 좀 더 체계적으로 찾을 수 있다. 1~3분면에 사용한 시간은 중요도와 긴급도라는 측면에서 시간을 할애할만하다. 하지만 중요도도 긴급도도 떨어지는 4분면에는 시간을 쓸 필요가 없다. 4분면에 쓴 시간들은 어떻게든 제거해야 하는 시간이다. 이 시간만 제거해도 큰 여유가 생기는데, 이걸 찾아내는 게 여간 어려운 일이 아니다. 처음 포커스 보드를 사용해보면, 1~3분면까지는 적을 것들이 그래도 있는데, 4분면에는 적을 게 없다. '중요도와 긴급도가 높은 일들만 적으면 되지 않을까?' 포커스 보드에 왜 4분면이 있는지 의문스러울 때가 있었다. 보드를 수년간 사용하면서 4분면의 존재 이유를 찾을 수 있었다.

1~3분면은 계획 단계에서 작성하고, 4분면은 시간을 피드백할 때 작성하는 것이다. 1~3분면에 사용했던 시간을 방해하는 요소들을 시간기

록과 분류에서 찾아낸다. 예상치 못했던 문제나 사람, 내 머릿속에 없었던 시간들을 4분면에 적어두자. 매일 적어도 좋고, 매주 혹은 한 달을 피드백할 때 기억나는 방해요소를 적어도 좋다. 그 내용들을 4분면에 적으면서, 시간을 더 완전하게 확보할 수 있을 것이다. 4분면에 적은 시간이 몇 달 이상 반복되거나, 심각하게 나의 우선순위를 방해한다면, 방해요소를 제거가 우선순위로 올라와야 한다. 4분면에는 문제가 되는 시간들이 정리되어있다. 적힌 문제를 해결하지 않으면 결국 우선순위를 빼앗기게 된다. 4분면은 우리에게 매우 중요한 정보를 품고있다.

나의 4분면 시간 리스트

- ☑ 영상편집
- ☑ 외부 강연/ 광고
- ☑ 외부 사업 제안 관련 미팅
- ☑ 쇼핑 시간
- ☑ 유튜브 / 넷플릭스

나의 4분면 리스트를 보고 의외라고 생각할 분이 있는지 모르겠다. 패션사업부에서 커리어를 시작해서 그런지, 원래 기질이 그런지 모르겠는데, 나는 쇼핑을 참 좋아한다. 시장을 조사한다는 명목하에 시간만 나면 백화점과 아울렛을 방문했고, 이런저런 제품들을 구매하는 것을 좋아했다. 인터넷 쇼핑이 발달하면서, 점차 SNS를 통한 쇼핑에 맛을 들이기 시작했는데, 사지도 않을 물건들을 비교하느라 시간을 많이 보낸 경우가 많다. 정작 사야 할 물품들은 똑똑한 쇼핑을 한답시고 디테일하게 들여다보거나 가격을 비교하느라 지쳐 구매하지 못하기도 했다. 시간분류를 하다가, 애매하게 집중시간을 망가뜨리는 활동이 있었는데, 그게 바로 쇼핑 시간이었다.

이런 시간은 참 교묘하다. 10분 정도의 짧은 시간으로 나의 집중시간을 계속 파고든다. 집중 시간을 할애해서 어떤 물건을 구매하거나 단념하게 된다면, 내 삶에 작은 변화라도 남을 텐데, 구매해보니 별거 없거나, 없어도 사는데 아무 지장이 없으면 쇼핑시간에 의미가 사라진다.

휴일이나 저녁 잠자리에 들기 전에는 생각보다 많은 시간을 쇼핑에 사용했는데, 정작 구매로 연결되는 경우는 몇 없었고 내 삶을 갉아먹는 경우가 많았다.

좀먹는 시간을 줄이고자 한 가지 쇼핑원칙을 세웠다. 쿠팡이나 네이버 쇼핑 같은 플랫폼에서 구매하되, 후기와 평점 순으로 가장 상위에 있는 상품을 구매하는 원칙이다. 전혀 똑똑해 보이지 않고, 돈 낭비처럼 보일 수 있다. 그러나 시간과 연결시켜 분석해보니, 이전에 정말 많은 시간을 갉아먹고 있던 쇼핑 시간이 거의 찾아볼 수 없을 정도로 대폭 줄어들었다. 인스타나 페이스북, 크라우드 펀딩에서 그럴듯한 제품 광고를 볼 때가 있다. 가격과 후기를 보고, 신박하다는 느낌이 있다면 바로 구매한다. 호기심 때문에 온라인에서 시간을 버리지 않고, 돈을 사용해서 실제 제품으로 적중도를 학습하는 방법이다. 돈보다 시간이 더 중요하다. 돈은 버릴 수 있지만, 시간은 버릴 수 없다. 돈과 시간을 맞바꿀 수 있다면 나는 돈을 벌어 시간과 계속 맞바꾸는 선택을 하겠다.

또 다른 4분면 제거 방법은 한 명에게만 배우는 것이다. 내가 새로운 기술을 배우거나 도전할 때 주로 참고하는 매체가 바로 유튜브다. 유튜브를 처음 보면서 '새로운 학습을 위해서 돈을 쓸 필요가 없는 시대가 왔구나'하고 생각했다. 어떤 주제든지 검색만 하면 디테일한 방법이 안내되어있다. 물론 깊이나 설명방식이 마음에 안 들 때도 있지만, 아주 많은 유튜버들이 자신의 노하우를 디테일하게 전수해준다. 그런데 시간관리의 관점에서 보면 여기에서 문제가 시작된다. 선택지가 너무 많다는 점이다. 수많은 영상들이 시간을 빼앗아 가고 있다. 다다익선(多多益善)이 아니라 다다익악(多多益惡)의 경우이다.

가장 인상 깊은 사건이 있다. 결혼 후 13년 만에 딸이 태어났다. 아이 출산 후 아내와 함께 2주간 조리원에 들어가 있었다. 코로나 때문에 이동이 어려웠고, 가족과 함께 있고 싶었기 때문이다. 아이를 낳고 조리원에 들어가 보면 알겠지만, 남자는 산후조리에 별로 도움이 되지 않는다. 마땅히 할 일도 없다. 반강제적으로 2주가 비게 되었다. 그러나 나는 조리원에서의 시간을 헛되게 흘려보내고 싶지 않았다. '어떻게 하면 이 시간을 알차게 보낼 수 있을까?' 집에 돌아갔을 때 어떻게 아이를 키우면 좋을지 학습하기로 결정했다. 육아 방식과 방법에 대해 검색해보니, 정말 많은 유튜버들이 노하우를 쏟아내고 있었다. 그래서 나는 조회 수 순으로, 또는 사람들의 반응이 좋은 것들을 중심으로 '콘텐츠 마이닝 노트'를 만들어 가면서 학습에 집중했다. (260p 참조)

그런데 여기서 하나 문제가 생겼다. 육아라는 똑같은 주제를 놓고 사람마다 하는 말이 다 달랐다. 밥을 먹이는 방법과 시점, 양과 내용물에 대해서 전부 다른 이야기를 하는 모습에 혼란스러웠다. 유튜브 채널을 운영 중인 내 입장에서도 충분히 이해가 되는 현상이다. 유튜브라는 매체가 학술연구나 수많은 데이터를 기반으로 한 자료보다는, 자신의 입장에서 본인의 생각과 견해를 말하는 영상이 많기 때문에 사람마다 주장이 다를 수밖에 없다. 그래서 철학과 방향성이 가장 잘 맞고, 경험과 전문성이 확실한 소아과 의사 유튜버 한 분을 정했다. 그분 이외의 채널 구독은 전부 취소했다. 피드에 떠도 시청하지 않았을 뿐만 아니라, 구독한 유튜브의 모든 영상을 정주행 하면서 큐레이션 노트를 개발했다. 다양한 유튜버를 학습했다면, 균형 잡힌 시선을 지니고 여러 지식을 습득했다고 생각할 수 있다. 하지만 실제는 그렇지 않다. 채널마다 다른 견해를 내놓으면 혼란스럽기만 하고, 내 선택이 맞는지 끊임없이 고민하고 두려워하게 된다. 시간을 아끼는 효과적인 학습법은 바로 배울 대상을 한 명으로 좁히고 그 사람의 가르침을 제대로 배우는 것이다.

큐레이션 노트를 만드는 방법은 자기계발 파트에서 자세히 다루도록 하겠다. 한 명에게 제대로 배우는 집중을 하자. 결국 집중만이 낭비를 없애주고, 의미 있는 결과물을 만들어 준다.

Chapter 08

균형 없는 삶은 번아웃으로 이어진다

균형이 무너졌는지 아는 방법

사실 시간관리는 목표관리다. 목표를 달성하기 위해서 우리는 많은 것들을 포기한다. 가장 중요한 목표를 이루기 위해 덜 중요한 것들을 포기한다. 중요한 것과 덜 중요한 것. 우리는 이 둘을 어떻게 구분할 수 있을까.

삶에서 절대 놓치지 말아야 할 중요한 요소가 있다. 아무리 목표를 달성한다 하더라도, 이 요소를 놓치면 결국 후회하는 일이 생기고 만다. 바로 균형이다. 일에 함몰되면, 건강을 놓치거나 관계를 놓친다. 지나치게 건강에 함몰되면, 커리어나 여유 있는 삶을 놓친다. 시간을 편향적으로 사용하는 실수를 범하지 않기 위해, 나는 '균형 잡힌 목표 설정'을 제안하고 싶다. Focus table이라는 목표관리표가 있다. 년 혹은 달 단위로 작성하는 표이다. (Chapter 9 참조) 크게 4가지 요소로 구성되어 있는데, 영적, 지적, 사회적, 신체적 요소이다. 물론, 우리는 이 4가지 외에도 정말 다양한 요소들을 고려해야 한다. 하지만 4가지 요소는 절대 놓쳐서는 안 되는 절대요소라고 말하고 싶다. 절대요소는 나만의 사견이 아니다. 내가 사용했던 수많은 플래너들도 동일한 절대요소를 가지고 있었다. 내가 가장 큰 영향을 받았던 툴은 회사에서 지급했던 바인더였다. 시스템 오거나이저의 오리지널이라고 할 수 있는 프랭클린 플래너도 동일한 구성요소로 구성되어 있었다. 수년간 각 시간의 목표를 작성해 보니, 내 삶의 모든 영역을 4가지 프레임으로 구성할 수 있었다.

예전에는 4가지 요소 외에, 재정적 목표를 기타로 묶어서 별도로 관리했었다. 그런데 꾸준히 목표를 관리하고 피드백 하다 보니 '돈을 왜 모으는가? 투자를 통해서 얻고자 하는 것이 무엇인가?'라는 보다 본질적인 목표를 바라보게 되었다. 집을 산다거나(결국 실패했지만) 가족과 함께 이스라엘로 여행을 간다거나 하는 등의 목적이 있는 저축/투자였다. 본질적인 목표를 바라보니 재정적 목표 역시 사회적 영역 즉, 관계적 영역에서 다룰 수 있었다.

Focus table은 영적, 지적, 사회적, 신체적 영역으로 구분되어 있다.

쉽게 얘기하면 영과 혼, 육 그리고 관계로, 사람의 삶을 구성하는 4요소이다. 4영역은 상호 연결되어 있다. 영은 신앙이나 영감 같은 개념이라고 보면 되고, 혼은 지식과 이해, 통찰의 영역이다. 영, 혼, 육이 내면의 요소라면, 외부적 요소는 관계, 즉 사회적인 요소이다. 우리 삶의 대부분은 이 4가지로 분류할 수 있다.

처음 4개의 선택지로 시간을 분류하다 보면, 이 시간을 어느 영역으로 분류해야 할지 고민스러운 경우가 있다. 우리 삶은 4영역으로 분류할 수 있지만 동시에 2 영역 이상 중복되어 포함되기도 하기 때문이다. 그럴 때는 후에 분류를 바꾸어도 좋으니, 가장 적합하다고 생각되는 영역으로 분류시켜보라고 조언하고 싶다. 나에게 축구 모임은 육적인 영역이면서 동시에 사회적인 활동이기도 했다. 두 영역에 모두 해당되었지만, 축구모임의 의미는 사회적 의미보다 신체적인 의미에 더 가까웠다. 그래서 신체적 목표에 포함시켰다.

업무 영역에서 직무 교육에 참여한다고 생각해 보자. 이것은 지적인 영역인가 사회적 영역인가? 업무의 성과를 높인다는 측면에서는 사회적 영역이라고 볼 수 있지만, 나의 개인 역량을 높인다는 측면에서는 지적인 영역으로 볼 수 있다. 결국 상황에 따라, 나의 가치판단에 맞추어 시간을 분류시켜야 한다.

Focus table에 대해 많은 이들이 질문한다. 이 활동은 대체 어디에 속해야 하냐고? 그건 나도 모른다! 당신이 결정하면 된다. 많은 이들이 '정해진 답이 있고, 정답을 따라가야 한다'는 강박관념에 사로잡혀 있는 것 같다. 하지만, 우리 인생이 어디 그런가? 답은 스스로 만들어 가는 것이다. 시간이 흘러 지금을 돌아봤을 때 후회를 남기지 않는 것이 중요하지, 그것이 올바른 범주인가 아닌가 하는 것은 전혀 중요하지 않다. 정답을 맞히려고만 하지 말고, 정답을 만들어 가자.

시간의 목표와 의미는 바뀔 수 있다. 변동되는 목표와 의미를 고정시키는 데에 함몰되지 않기를 바란다. 균형 있는 목표를 설정하고, 목표를 달성하기까지 꾸준히 도전하는 게 더욱 중요하다.

시간 분류표를 통해 내 삶이 한쪽으로 치우쳐졌는지 확인할 수 있다. 표에서 특정 영역이 평소와 다르게 줄어들거나 쏠려있는지 점검해 보자.

영적 시간의 중요성

많은 사람들이 영적인 영역에 어떤 내용을 적어야 하는지 질문한다. 신앙이 있는 사람이라면 이해하기 쉽겠지만, 신앙인이 아니라면 무엇을 적어야 할지 도무지 모를 수 있다. 하지만 신앙인이 아닌 사람에게도 영적인 영역은 매우 중요하다. 이 영역은 지식의 측면을 넘어서는 영감, 통찰, 양심에 대한 관리이다.

삶을 살다 보면, 이성적이지 않게 무척 감성적으로 무언가를 결정할 때가 있다. 때로는 공부하지도 않았는데, 번뜩이는 아이디어로 놀라운 결과물을 만들어 내는 경우도 있다. 영적인 영역이 발현되었을 때, 초월적인 힘이 발현되기도 한다.

인간을 영물이라고 표현하지 않나? 나는 영적인 측면이 인간과 일반적인 짐승을 구별시켜주는 하나의 측면이라고 본다. 우리가 짐승과 같은 존재라면 너무 서글프지 않을까? 돌고래도 학습하면, 사람의 언어를 알아들을 수 있고, 개나 고양이도 학습을 통해서 생활패턴을 만들 수 있다. 그러나 영감은 학습시키지 못한다. 나는 인간의 존엄성과 고귀함이 바로 영이라는 특성에 있다고 생각한다. 그런데 나만 이렇게 생각하지 않는다. 세계적인 성과와 업적을 이룬 사람들은 대부분 영적인 영역을 간과하지 않았을 뿐만 아니라 우선순위에 두기까지 했다. 영감과 통찰의 순간은 인간의 노력이나 탁월함을 티핑(Tipping) 시켜준다. 이 순간은 누구에게나 있을 수 있다. 이런 이유에서인지 근래에 묵상, 명상이라는 이름으로 생각에 깊이 잠기는 시간이 유행하는 것 같다.

나는 그리스도인이다. 성경을 읽고, 말씀을 근거로 살아내는 삶을 최우선 가치로 삼는다. 그래서 이 시간에 평균 12% 가까운 시간을 사용하고, 영적인 시간을 통해서 내 삶의 의미와 일의 목적, 관계의 의미에 대해 본질적인 깨달음을 얻는다. 이것은 나의 원동력이 되고, 방향성이 된다. 내가 이타적인 삶을 살아야 하는 이유가 있다면, 그것은 영적인 시간이 나에게 그 방향을 제시하고 있기 때문이다.

그러므로 무엇이든지 남에게 대접을 받고자 하는 대로 너희도 남을 대접하라 이것이 율법이요 선지자니라 [마 7:12]

나에게 영적인 시간이 없었다면, 일 중독에 빠져 워커홀릭이 되었을지도 모르겠다. 나에게 영적 시간이 없었다면, 돈에 혈안이 되어 숭고한 가치를 좇지 못했을 것이다. 나는 나의 모습과 현 위치를 너무도 잘 알기 때문에, 영적인 시간을 통해 나의 위치와 나의 나아갈 방향을 점검한다. 지적이나 사회적 측면만으로 인생의 방향을 정할 수는 없다. 우리 내면에 심어진 깊은 갈망, 비전과 소명을 깊이 고찰할 때 다른 사람과 차별화되는 포인트를 갖게 되고, 존재론적 가치를 발견하게 된다. 이는 영적인 시간을 통해서만 가능하다.

내 말이 도저히 이해되지 않거나 동의되지 않는다면, 멘탈 관리를 위한 시간을 영적 시간으로 분류해 보라. 우리는 쉼표가 필요하고, 생각을 정리할 시간이 필요하다. 생각을 정리하는 시간을 지적인 시간이라고 할 수도 있지만, 무언가 학습하고 배우는 시간이 지적인 시간에 더 적합하다. 멘탈 관리라고는 했지만, 내 안에 있는 생각이나 마음들을 끄집어내 정리하는 시간이라는 설명이 더욱 적절한 해석인 것 같다.

빼먹기 쉬운 인생의 시간들

Focus table로 우선순위를 파악하다 보면, 높은 우선순위는 대부분 사회적 목표에 집중된다.

영적 목표 커뮤니티 예시

- 매일 성경말씀 3장 묵상하기
- 감사일기 매일 쓰기
- 동기부여 영상 주 3회 보기
- 신약성경 통독 1회 달성
- 미라클모닝 주 5회 성공하기

사회적 영역에는 상사나 평가 시스템이 존재하기 때문이다. 기회나 위기가 쉽게 보이기에 더욱 높은 우선순위를 매기기도 한다.

사회적 영역과 달리, 지적인 영역이나 신체적인 영역은 누군가가 관리 감독하지 않는다. 물론, PT나 학원 등록과 같은 형태로 강제성을 스스로 부여할 수 있겠지만, 그 역시 내가 기획해야 한다. 내가 수년간 시간 관리를 하면서 깨달은 사실이 있다. 지적인 영역과 신체적인 영역을 스스로 통제하기 위해서는 루틴을 만들어내야 한다는 사실이다. 루틴 없이 이 시간을 스스로 통제하기란 어렵다. 루틴을 만드는데 에너지를 써야만, 시간을 자연스럽게 사용하게 된다. 정한 시간이 되면 자동으로 루틴을 시행해야 한다.

나의 지적 루틴은 주말에 책 한 권을 읽는 것이다. 너무 바쁘지 않거나 미리 약속된 일정이 없으면 꼭 한 권을 읽는다. 지적인 영역에 속하는 활동 중, 독서가 제일 효과적이었다. 나는 누군가로부터 책을 추천받거나 혹은 내가 읽고 싶은 책을 발견할 경우 구매부터 먼저 한다. 주말이 되면 휴식시간에 책을 읽는다. 독서가 서툴렀을 때에는 책 한 권을 몇 달간 읽기도 했다. 이해가 부족해서 다 못 읽었다. 독자 여러분에게는 책을 읽다가 막히는 경우 또는 내용이 이해되지 않을 경우에, 읽던 책을 내려놓고 과감히 다른 책을 집기를 추천한다. 독서를 포함한 지적 영역은 완벽한 이해보다 학습루틴을 만드는 게 더 중요하기 때문이다.

책을 다 못 읽었다면 다음에 다시 읽으면 된다. 새로운 학습 혹은 새로운 주제를 가지고, 읽고 생각하는 루틴을 만들어보라. 책 읽는 습관이 먼저 들면, 내용을 소화시키고 적용점을 찾는 과정이 매우 쉬워진다. 하지만, 독서 자체가 어려우면 학습세계로 입문조차 힘들어진다. 매주 1권씩 읽는 목표를 설정해 보라. 특별히 배우기를 원하는 내용이 있다면, 학습시간을 별도로 빼두는 것도 방법이다.

나는 신규 사업 역시 지적 영역으로 간주한다. 사업을 준비하는 시간, 그리고 사업을 실행하는 시간 모두 지적 영역으로 분류한다. 사업을 통해 고객들의 삶을 바꾼다는 측면에서 사회적 영역으로 볼 수 있으나, 고객을 배우고 새로운 기술을 배우는 게 사회적 측면보다 더 의미 있기 때문이다. 그래서 사업이 실패하거나 성장이 다소 더디더라도 큰 문제가 되지 않는다.

내 표준 스케줄에는 매주 수요일이 신규 사업을 위한 시간으로 비워져 있다. 새로운 사업 준비나 새로운 고객과의 만남을 언제나 수요일에 갖는다. 그래서인지 수요일에 가까워지면 늘 가슴이 부푼다. 어떤 새로운 환경이 열릴지 기대되기 때문이다. 토요일은 새로운 책을 만나고, 수요일은 새로운 고객을 만난다. 정말 익사이팅하지 않은가?

신체적인 부분 역시 놓치는 경우가 많은데, 운동이나 식이요법 중 먼저 하나만 시작해 보길 권한다. 체중 감량이나, Inbody 지표를 개선하는데 가장 효과적이었던 방법은 채식 중심의 식단이었다. 이 책에서 다이어트 이야기까지 다루기는 어렵고, 어떻게 채식에 성공하게 되었는지만 시간 베이스로 설명하고자 한다.

지나온 시간은 목표로 해석될 때, 그 안에 담긴 의미를 내어놓는다. 신체적인 목표를 세울 때, '체중 00kg 감량 혹은 체지방량 00kg 감소'같은 최종적인 모습을 목표로 세우길 추천한다. 목표 설정 후, 목표를 어떻게 달성할지 실천 계획에 방법과 시간을 배치해 보라. 이게 올바른 순서이다.

피토케미컬 다이어트라는 채식 중심의 식이요법에 성공하게 된 계기가 있다. 'eat to live'라는 조엘 펄먼 박사의 책을 읽었는데, 단순히 굶는 다이어트가 얼마나 위험하고 지속하기 어려운지 알게 되었다. 배 터지게 먹으면서 체중을 감량한다는 책의 매력 포인트에 빠져 끝까지 읽고, 언제나 그랬듯이 바로 적용했다. 하루에 500g 정도의 채소로만 식사하고, 아침에는 과일을 먹었다. 콩과 과일은 무제한 허용되었기 때문에, 하루 섭취량이 만만치 않았다. 그런데 놀랍게도 2주 만에 6kg이 감량되었다. 옷장에는 내 몸에 맞는 옷이 단 한 벌도 없었다.

이때 내 시간기록표를 보면, '식재료를 사오는 시간'과 '책을 다시 보고 또 살펴보는 모든 시간'까지 모두 '신체적 시간'으로 분류했다. 지적인 영역이나 기타 시간으로 분류할 수 있었지만, 그 시간의 목표는 식이요법이었기 때문에 신체적 시간으로 분류했다.

이전에는 운동시간만 신체적 목표에 분류시켰다. 그러다 보니 신체적 영역의 시간은 언제나 놓치기 쉬운 시간이 되었다. 항상 시간분류표에서 최하위를 기록했던 신체적 시간이 이때를 기점으로 비중이 확대되었다. 확대되는 신체적 시간을 보면서 흐뭇했고 동기부여 또한 되었다. 운동의 목적은 건강한 신체를 만드는 것이다. 외형적으로도 그렇지만, 내적으로도 건강해지는 게 더 중요한 목표이다. 목표에 따라 시간을 분류해 보자.

식사시간마다 저 책을 바이블처럼 펼쳐놓고 식사했다. 매 식사는 나에게 학습의 시간이었고, 적용과 도전의 시간이었다. 매일 아침 체중계에 올라설 때마다 기대감에 부풀었고, 나의 외형도 마치 성형수술을 받은 것처럼 보기 좋아졌다. 내가 식이요법 책을 읽는 시간을 배정하지 않았다면, 이런 도전을 할 수 있었을까? 나는 신체적 시간을 확보하기 위해서 자극을 받을만한 책과 영상 사람을 만났다. 이미 눈치챘겠지만, 성공

신체적 목표 커뮤니티 예시

- 15kg 몸무게 빼기
- 골격근량 20kg 달성
- 매일 30분씩 스트레칭 하기
- 주 5회 운동하기
- 체지방률 10% 줄이기

한 사람의 조언과 스토리에서 자극을 받는 것이다. 뭔가 잘 안될 때, 일단 시간을 배치하자. 그리고 배치한 시간에 내가 배우고자 하는 내용을 학습하거나, 자극받는 것을 목표로 시간을 사용해 보자. 막연히 '영감이 떠오르면 해야지'라고 생각하지 마라. 영감은 쉽게 오지도 않을뿐더러 막연한 의지로는 시작조차 힘들다. 시간을 빼두고, 주제를 좁혀서 학습하다 보면, 나에게 자극을 주는 것들을 쉽게 찾을 수 있다. 안타깝게도 'eat to live'라는 책은 절판되어 더 이상 한국에서 구할 수 없다. 그래서 우리 출판사를 통해 다시 번역 출간할 예정이니 조금만 기다려 함께 성공하는 다이어트에 도전해 보자. 번역 출간 소식은 우리 커뮤니티에 공지할 예정이다. 주목하면서 함께 도전해 보자.

시간관리 프로페셔널이 가장 중점을 두는 것 : 연결성

시간은 연결성이 중요하다. 연간 목표를 달성하기 위해서 월간 목표를 설계하고, 이를 위해서 주간 목표를 세우는 과정이 매끄러워야 한다.

기준은 연간 목표다. 연간 목표를 수립하는 게 처음에는 정말 쉽지 않았다. 사실 제대로 된 연간 목표를 세우기 위해서는 연간 목표의 기준이 되는 인생의 방향성이 뚜렷해야 한다. 우리는 그것을 '사명선언서'라고 부른다. 물론, 사명선언서가 있다면 좋겠지만, 없는 경우가 더 많고 설

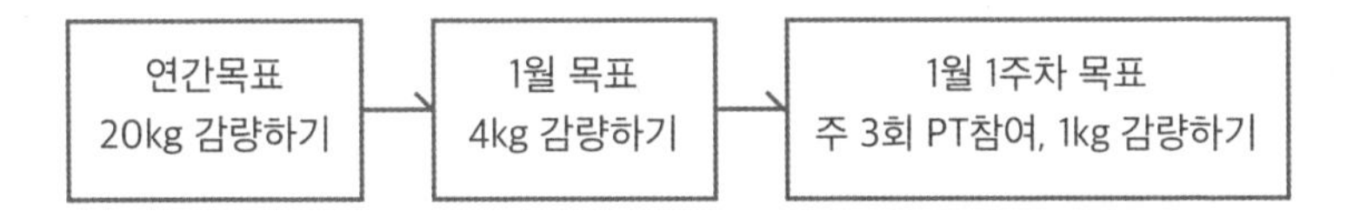

령 있다 하더라도 연간 목표와 연결시키는 것은 쉬운 일이 아니기 때문에, 사명선언서와 상관없이 내가 목표와 시간을 연결시킨 방법을 소개하고자 한다.

먼저, 귀납적으로 찾아가는 방법이 있다. 목표 훈련이 중요하기 때문에 주간 목표와 월간 목표만 작성한다. 수개월 동안 작성하면서, 올해의 목표를 조망하는 시간을 갖자. 아마도 방향성을 찾을 수 있을 것이고, 연간 목표를 세울 수 있을 것이다. 다만, 이 경우에는 연간 목표를 자주 수정할 수밖에 없다. 오늘을 반추하여 미래를 예측하는 것이기 때문에 당연히 어떤 변수가 생기거나 어려움이 생기면 완전히 새로운 목표를 짜는 경우도 생길 수 있다. 이것은 연간 목표를 수정 보완시켜가며 완성하는 형태이고, 가장 쉽게 접근할 수 있는 방법이다.

이 방법이 익숙해지면, 다음 단계인 연역적 방법에 도전해야 한다. '한 걸음씩 내디뎌보니 저기쯤 갈 수 있겠다'가 아니라, '저 산을 가려면 가장 좋은 방법이 뭘까'를 고민하는 방식이다. 이때부터 목표의 수준이 올라가게 되고, 그동안 내가 해왔던 방식을 탈피하지 않고는 달성할 수 없음을 깨닫게 된다. 귀납적 방식을 꼭 거칠 필요는 없고, 바로 연역적 방식으로 목표를 설정해 봐도 좋다. 다만, 연역적 방식은 중간 계획의 완성도가 그리 높지 않기 때문에, 매달 피드백하며 연간 목표를 수정 보완시키는 과정이 필요하다. 연간 목표는 수정하라고 있는 것이지, 성문

서처럼 수정 불가능하거나 무조건 해야 하는 일이 아니다. 업데이트되지 않는 연간 목표는 생명력을 잃고 우리 삶에서 멀어질 수 있다. 그래서 나는 연간 목표를 3개월에 한 번씩 다시 손으로 쓴다. 새롭게 쓰면서, 내가 잘 가고 있는지, 목표가 현실적인지 점검한다. 수정해야 할 사항이 있다면 지체 없이 수정한다. 다만, 나의 게으름과 노력 없음 때문에 목푯값을 수정하지는 않는다. 또 목표를 수정할 때에는 반드시 메모를 남겨 둠으로써, 내년 목표를 세울 때 피드백할 수 있도록 한다. 목표를 설정하는 방법은 다음 챕터에서 자세히 다루도록 하겠다.

목표 설정 능력은 매우 중요한 능력이다. 내 삶의 목표를 관리하는 방법만 잘 터득해도, 커리어의 새로운 길을 찾아갈 수 있다. 귀납적이든 연역적이든 스스로 나아가야 할 방향을 찾아가는 것을 포기하지 말고 계속 전진해 보자. 분명히 새로운 차원의 길을 찾게 될 것이다.

Chapter 09

'나에게 맞는 목표'를 세우고 싶다면

나는 지금 어떤 시즌을 지나가고 있는가?

최근 퇴사한이형 유튜브 채널 구독자들을 대상으로 어떤 목표를 이루고 싶은지 조사해보았다. 설문 결과를 보고 실시간 스트리밍을 켰다. 구독자들에게 질문했다. '왜 이 목표를 이루고 싶나요?' 제일 많이 올라온 답변은 '무엇이라도 해야 할 것 같아서요'였다.

목표 자체는 나쁘지 않다. 누가 보아도 문제 삼을만한 목표가 아니다. 진짜 문제는 '나빠 보이지 않는 이 목표가 과연 당신에게 맞느냐'이다. 어떤 이에게는 딱 맞는 목표일 수 있다. 그러나 누군가에게는 적절치 못

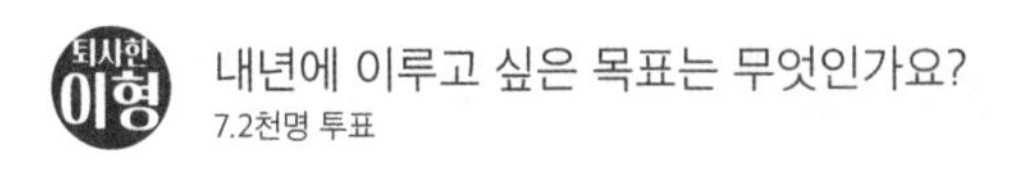
퇴사한
이형
내년에 이루고 싶은 목표는 무엇인가요?
7.2천명 투표

- 운동을 하고 싶어요 17%
- 인정받는 커리어를 만들고 싶어요 49%
- N잡(사이드 프로젝트)으로 돈을 벌고 싶어요 25%
- 하고 싶은게 아직 없어요 9%

한 목표일 수도 있다.

목표의 적절성을 판단하는 기준은 무엇일까? 우리는 우리를 아는 만큼 나에게 올바른 목표를 설정할 수 있다. 내가 누구인지 알아야 나에게 의미 있는 목표를 세울 수 있다는 뜻이다. 내가 누구인지도 모르는데 어떻게 의미 있는 목표를 세우겠으며, 그 목표를 달성한다 한들 어떤 의미가 남겠는가. 목표 달성에 실패하는 경우에는 또 어떤 문제가 야기될까. 나에게 맞는, 나를 나답게 만드는 목표가 정말 의미 있는 목표이다. 나에게 맞지 않는 목표는 내 목표가 아니라, 남의 목표에 불과하다. 혹은 그저 누군가에게 자랑하기 위한 목표일뿐이다. 다른 사람에게 자랑하는 것도 하루 이틀이지, 곧 의미를 잃어버리게 된다.

어떤 자격증을 취득하겠다는 목표를 세웠다고 생각해 보자. 자격증을 따면 무엇이 달라질까? 취업이나 이직을 위해 필수적으로 필요한 자격증이라면 의미 있는 목표이다. 하지만 그냥 불안해서, 남들은 다 가지고 있는데 나는 취득하지 못했기 때문이라면 자격증을 따느라, 더 중요하고 긴급한 목표를 자연스럽게 놓치게 될 것이다. 동시에 목표를 달성했다 하더라도 아무런 가치를 얻지 못해 공허함을 느낄지도 모른다.

Part 2에서 소개한 '시간 기록'을 계속하다 보면, 내가 어떤 사람인지 알게 된다. 어디에, 얼마나 시간을 쓰고 있는지가 나를 드러내 주기 때문이다. 마치 돈을 어디에 얼마만큼 지출하는지 보면, 한 사람의 가치관과 우선순위를 쉽게 파악할 수 있는 것처럼 말이다.

시간을 기록하다 보면, 내가 좋아하는 것이 무엇인지도 알게 된다. 또한 내가 지금 어떤 시즌을 거쳐 가는 중인지도 알게 된다. 내가 어떤 상황에 처해있는지 알면, 더욱 의미 있는 목표를 세울 수 있다. 예를 들어, 출산한 지 얼마 안 되었다면 가정에 시간을 써야 하기 때문에 커리어와 관련된 목표를 잠시 내려놓아야 할 수도 있다. 갓 입사했다면 회사에 적응하기 위해, 회사에서의 시간을 늘려야 한다. 야근이 많은 주간이라면 자기계발 목표를 조정해야 한다.

인생은 타이밍이다. 새로운 목표에 도전할 때인가? 아니면 멈춰 서서 재정비하고 배워야 할 때인가? 내가 처한 상황을 알아야 한다. 시간을 기록하고 피드백하고 관리하지 않으면 인생의 타이밍을 절대 알 수 없다. 그래서 매번 무엇을 해야 할지 주변 사람들에게 묻는다. 훌륭한 멘토에게 조언을 구하는 건 바람직하다. 하지만, 자신의 상황을 전혀 모른 채로 주변 사람들에게 내 삶의 타이밍을 맡기는 건 전혀 바람직하지 않다.

세상 최고의 지식은 내가 누구인지 아는 것

그렇다면 나에게 맞는 목표를 어떻게 찾을 수 있을까? 여러 가지 방법이 있겠지만, 가장 간단하고 바로 시작할 수 있는 방법은 시간관리다. 시간관리를 통해서 '나'를 알아갈 수 있고, 나를 알아간 만큼 나에게 맞는 목표를 찾을 수 있다. 우선 어떤 목표든 세워보라. 목표를 도전하는 과정에서 시간을 바꾸고, 순서를 바꾸며 내게 맞는 목표를 찾아가면 된다. 계속해서 변화하면서 동시에 목표 자체가 적절했는지도 피드백해 보자. 나에게 맞는 목표를 찾지 못했다고, 목표를 세우지 않는다면 그 어떤 성장도 할 수 없다.

시간을 기록하다 보면 자신의 강점을 정확히 알게 된다. 남들보다 시간을 덜 투자했는데도 압도적인 성과가 나는 제목이 있다면 그건 나의 강점이다. 반대로 남들보다 몇 배의 시간을 투자했는데도 불구하고 목표를 달성하지 못한다면 그게 자신의 약점이다.

시간을 분석해 보고, 가장 몰입하는 시간대와 환경을 찾고, 찾은 시간대에 목표 달성을 위한 시간을 배치해 보라. 시간관리의 새로운 차원이 열릴 것이다. 그때에야 비로소 인생이 바뀌는 시간관리가 시작된다.

목표 설정에는 크게 3가지 단계가 있다. 현재 자신의 수준에 맞는 목표 단계를 참고해서 목표를 설정해 보길 권한다.

1단계: 행위 자체

2단계: 결과물 완성

3단계: 결과물을 통한 핵심지표 변화

3단계 목표 예시

인스타 마케터

1단계 목표: 게시물 사진 촬영, 문구 완성하기 등

2단계 목표: 게시물 00개 올리기

3단계 목표: 게시물 좋아요 00개 받기, 인스타 계정 팔로워 00명 늘리기

유튜브 채널 책임자

1단계 목표: 영상 스크립트 완성하기, 촬영 장소 셋팅하기 등

2단계 목표: 영상 00개 업로드 하기

3단계 목표: 영상 조회수 00회 달성, 구독자 00명 달성

랜딩페이지 디자이너

1단계 목표: 제품 이미지 사진 찍기, 문구 수정하기 등

2단계 목표: 랜딩페이지 완성하기

3단계 목표: 랜딩페이지 전환율 이전보다 00%p 늘리기

나는 아래 3가지 프로세스를 통해 목표를 설정하고 있다.

1. 내가 하고 싶은 것, 해야 하는 것을 리스트업 한다 (Wish list & Do list)

Wish list	Do list
영성루틴 3H/성경 2독	함께 시간 보내기 with P님
Alive town 건설	면접 체인지업 개발
강점시스템 개발	Alive 세계관 완성
7M 필독서 역기획	Alive Alliance 네트워킹
	Alive Talent Pool 확보
	공통역량맵핑 개발

2. 우선순위를 정한다 (Focus board)

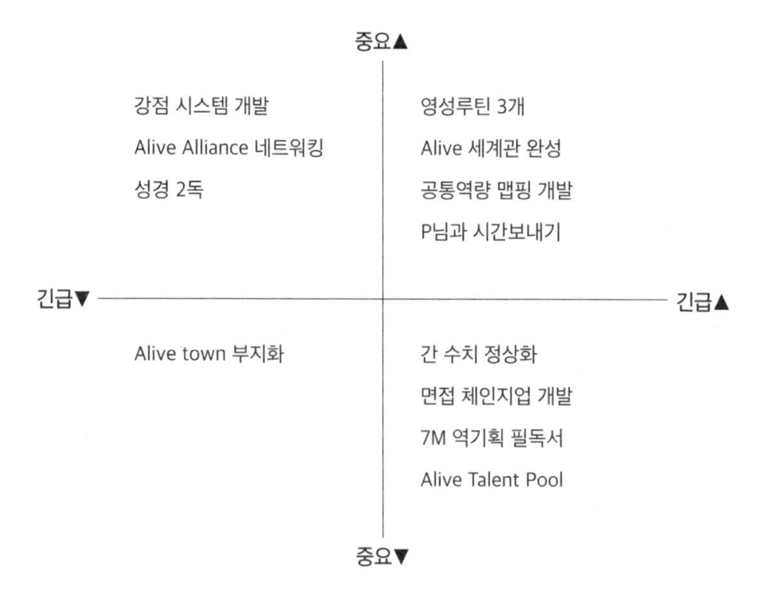

3. 월간 목표를 설정한다 (Focus table)

	목표	실천계획/시간계획
영적	P님과 함께하기	수, 금 6H, 2주 => 24 H
지적	스트리밍 데이터구축 프로세스	화, 목 유튜브 Day => 구독자 45만
사회적	레벨별 테크니컬스킬 휴먼스킬 완성 GDR 10명	화, 목 오전 3H => 12H 질문 Set
신체적	운동루틴	점심시간 1H

목표를 구체화할 때 아래 5가지 체크리스트를 활용해 보길 추천한다. 나는 체크리스트의 앞 글자만 따서 SMART기법이라고 부른다.

- ☑ Specific : 구체적인가?
- ☑ Measurable : 측정 가능한가?
- ☑ Action-oriented : 실천 계획이 포함되어 있는가?
- ☑ Realistic : 현실적인가?
- ☑ Time-based : 시간에 기반되었나?

1) Specific - 목표는 구체적이어야 한다.

당연히 목표는 구체적이어야 한다. 그런데 나는 구체적으로 목표를 적을 때마다, 어느 정도의 구체성이 적절한 구체성인지 구분하기 어려웠다. 내가 찾은 구체성의 정의는 뒤에 나올 'M(Measurable)과 A(Action Oriented)를 충족하는가'이다. 그래서 결론적으로 SMART 기법을 한 단어로 축약하면 구체성이라고 표현할 수 있다. 하지만, 측정 가능한 것(Measurable)과 행동 중심(Action Oriented)은 각각 뚜렷한 목표를 지니고 있으니, 우리는 구체성(Specific)만으로도 목표가 현실적이게끔 신경 써야 한다.

Specific

Before	After
건강한 멘탈 유지하기	매일 감사노트 쓰기
취뽀하기	40개 기업 지원하고 10개 기업 면접기회 갖기
가족과 시간 더 보내기	주 3회 가족과 함께 식사하기
자신 있는 몸매 만들기	9kg 감량하기
절약하는 습관 갖기	매일 가계부 기록해서 항목별 지출 분석하기

목표를 구체적으로 적는다고 하지만, 막상 검증해 보면 모호한 경우가 많다. 대표적인 예시가 '착하게 살자'이다. 착함의 기준이 무엇이고, 어떻게 그 목표를 실현할 수 있는가? 모호하다. 이와 비슷하게, '건강한' 멘탈, 시간 '더' 보내기, '자신 있는' 몸매 만들기 등의 목표는 기준이 없다. 목표를 추상적으로 설정하면 목표를 달성했는지 피드백할 수 없게 되고, 결국 삶은 바뀌지 않는다.

2) Measurable - 목표는 반드시 측정 가능해야 한다.

숫자만큼 객관적인 것이 또 있을까? 비인간적으로 보일 수도 있지만, 우리 삶을 숫자로 측정해 내는 노력은 매우 중요하다. 처음 수치화를 할 때에는 숫자로 표현하기 어려운 부분이 많았는데, 어떻게든 숫자로 표현해내려고 노력했다. 측정할 수 없는 것은 아예 목표로 잡지 않기도 했고, 활동에서 배제해 버리기도 했었다. 꼭 해야 하는 일인데 도저히 측정하기 어려울 때에는 그냥 시간을 기준으로 삼았다. 영적인 목표도 '신앙생활 5%'와 같이 퍼센트 단위로 시간을 사용했는가를 기준 삼았다. 어떻게든 측정 방법을 찾자. 내 삶을 여러 관점으로 들여다보면서 수치화를 하다 보면 나만의 기준이 생길 것이다.

목표를 구체화하는 첫 번째 방법은 명확한 수치를 적는 것이다. 명확한 숫자로 기준을 정하고 기준에 합한 지 피드백한다. 피드백을 통해서 목표가 달성되었는지, 달성에 실패했다면 어떻게 해야 할지 전략을 세

Measurable

Before	After
일기 주 2회 이상 쓰기	일기 3회 쓰기
토익 점수 올리기	토익 800점 달성하기 : 매일 인강 1개 듣기
업무 미팅 1시간 이상 확보하기	매일 오전에 2시간 미팅하기
헬스 중량 올리기	스쿼트 80회 / 데드리프트 100kg 달성하기
일찍 일어나서 하루를 일찍 시작하기	7시에 기상하기 / 12시 이전에 취침

울 수 있다. 목표를 수치화할 때 유의점이 있다. '~이상', '최소한' 등의 단어를 최대한 피하는 것이다. 이는 은근슬쩍 목표의 기준을 모호하게 만들어 우리에게 빠져나갈 수 있는 여지를 준다. 명확한 지점을 설정하라. 예를 들어 '2회 이상'이 아닌 '3회'로 명확하게 기준을 정하는 것이다.

3) Action Oriented - 목표는 행동하기 위한 것이다.

행동을 유발할 수 없는 목표는 제 기능을 못한다. 당신의 목표는 당신이 어떤 행동을 취해야 하는지 명확하게 말해주는가? 목표는 행동 때문에 존재한다는 사실을 기억하자. 나는 어떤 행동을 취해야 할지 알기 위해서, 결과물을 먼저 생각하고 목표를 작성한다. 측정할 수 없는 것은 목표에서 배제한 것처럼, 행동으로 무언가를 얻지 못한다면 목표로서 적절하지 않다고 생각했다.

Action Oriented

Before	After
주위 사람을 더 챙기기	매주 1명에게 안부 전화하기
전공 지식 키우기	전공 책 매주 1권 읽기
취미가 일치하는 새로운 친구 5명 사귀기	배드민턴 동아리 가입하기
유연성 키우기	매일 30분씩 스트레칭하기
쓸데없이 낭비하는 시간 줄이기	출퇴근 시간에 독서하기

목표를 구체화시키는 두 번째 방법은, 구체적으로 실천 가능한 행동으로 목표를 정하는 것이다. 목표를 떠올렸을 때 어떤 액션을 취해야 할지 불분명하다면, 이는 잘못 세워진 목표이다. 실행에 옮기는데 큰 허들이 생겨버리기 때문이다. 목표가 '전공 지식 키우기'라면 당장 무엇을 해야 할지 막연해진다. 이를 '전공 책 매주 1권 읽기' 라고 행동으로 정의하면 목표를 달성하기 매우 쉬워진다. 매주 어떤 책을 읽을지만 정하면 되기

때문이다.

4) Realistic - 목표는 도전적이면서도 현실적이어야 한다.

목표를 세울 때에는 누구나 의욕이 넘친다. 나 역시 마찬가지다. 수도 없이 많은 목표를 세워놓고, 정작 목표를 제대로 달성하지 못하는 모습을 마주하면 '그럴 수 있지' 하면서 위안 삼고는 했다. 이런 태도는 시간 관리의 목적에서 완전히 벗어나는 태도이다. 목표를 세웠다면, 목표를 달성할 수 있도록 시간을 배정하고, 배정된 시간을 효율적으로 쓸 수 있도록 삶의 구조를 바꿔야 한다.

목표는 언제나 성장을 추구하고, 도전적이어야 한다. 너무 쉬운 목표는 스스로를 매너리즘에 빠뜨려서, 목표나 시간을 관리하지 않는 상태로 만든다. 목표가 도전적이어야 매너리즘에서 벗어날 수 있다. 하지만 도전정신만 좇다가 비현실적인 목표를 설정하는 것은 또 다른 종류의 시간낭비다. 어차피 실패할 게 뻔하기 때문이다. 시간을 관리하는 목적은 목표를 달성하기 위함이다. 달성할 수 없는 목표는 애초에 설정하지 않는 게 옳다.

현실성의 기준은 개인에 따라 다를 수 있다. 어떤 사람은 '매일 1시간씩 운동'하는 게 당연하지만, 다른 누군가는 '일주일에 한 번 운동'하는 것조차 버거울 수 있기 때문이다. 따라서 현실성의 기준은 본인의 히스

Realistic

Before	After
매일 1시간 이상 피드백	매일 자기 전에 20분 피드백
1. 자소서 10개 쓰기 2. 한국사 합격하기 3. 토익 900점 만들기 4. 책 4권 읽기	1. 자소서 10개 쓰기 2. 토익 900점 만들기
술 약속 전부 끊기	1주일에 최대 한 번만 약속 잡기
1. 매일 2시간 운동하기 2. 하루 한 끼만 먹기	1. 주 3회 2시간 운동하기 2. 저녁 7시 이후 먹지 않기
유튜브 보지 않기	자기 전, 이동시간 유튜브 보지 않기

토리를 통해 검증해야 한다. 이래서 목표를 계속 피드백해야 한다. 피드백을 하다 보면 히스토리가 자동적으로 검증되기 때문이다. 여기서 유의할 점은, 과도한 의욕으로 무리한 계획을 세우는 행동을 경계하는 것이다. 내가 약간 버겁게 느낄 정도의 난이도가 적당하다.

5) Time Based - 목표는 항상 끝이 있다.

마감 일정을 설정하는 것이 SMART 기법 중에 가장 쉬웠다. 목표의 난이도가 그리 높지 않더라도 마감을 앞당기면, 도전적인 목표가 된다. 마감 일정이 너무 먼 목표는 머릿속에 남지 않는다. 언젠가는 될 것이라는 어렴풋한 믿음이 있기 때문이다. 사실 믿음보다는 무신경이 더 정확한 표현일 테다. 내가 마감 일정을 설정하는 방법은, 이번 주 혹은 이번 달로 설정하는 식이다. 올해나 내년 같은 먼 목표는 당연히 우리 머릿속을 떠나기 쉽다. 그런 먼 목표라면 내용을 더 잘게 잘라서, 이번 주 혹은 이번 달 내에 마칠 수 있는 목표로 다시 설정했다.

Time Based

Before	After
기도 1시간 할 수 있는 사람 되기	이번 달 안에 기도 1시간 하는 날 만들기
토익 800점 달성하기	8월 안에 토익 800점 달성하기
5만 구독자 유튜버 되기	올해 안에 5만 구독자 유튜버 되기
꿈의 몸무게, 50kg 되기	이번 여름(6월)까지 50kg 만들기
12시 전 취침, 6시 기상 패턴 만들기	이번 달까지 12시 전 취침, 6시 기상 패턴 만들기

인정하고 싶진 않지만, 나 역시 마감 일정에 쫓길 때 최고의 생산성을 보인다는 사실을 쉽게 알 수 있었다. 누가 쫓아와야 달린다. 마감 일정은 우리를 살아있게 만들고, 더 효율적인 방법을 찾게 해준다.

모든 목표에는 데드라인이 있어야 한다. 따라서 연간, 월간, 주간이라는 틀 안에서 계획을 세워보라. 자격증 시험이나 어학같이 장기적인 목표를 세울 때에도 타이트한 데드라인을 정하는 게 좋다. 데드라인이 명확하지 않으면 우리는 결코 목표를 달성할 수 없을 것이다. 시험기간에 벼락 치기를 해본 사람들은 쉽게 공감할 것이다.

목표 설정이 너무 어렵게 느껴진다면,

- ☑ Step1. 시간을 수치화해보자
- ☑ Step2. 지적 시간 혹은 신체적 시간을 30% 늘려라
- ☑ Step3. 그 시간의 결과를 사회적 시간과 연결시켜라

다른 사람들에게 멋지게 보이려고, 세상 사람들의 도발로 세운 목표를 내려놓자. 빈자리에 나를 위한 나만의 목표에 도전해 보자.

목표를 세웠다면 피드백을 해야 한다. Part 4에서는 내가 어떻게 피드백을 하면서 목표를 정교화하고, 달성률을 높였는지, 그 구체적인 방법을 소개하려고 한다.

목표설정을 '제대로' 하는 방법

- 시간을 잘 사용하고 있는지 평가하기 위해서는 '목표'가 필수적이다.

- '얼마나 바빴는지'가 아니라 '얼마나 의미있는지'를 목표로 삼자. 의미있는 시간이 고민이라면, '1달밖에 못 산다면 무엇을 할 것인가?' 질문을 던져보라.

- 목표설정을 시작했다면, 나만의 우선순위를 세워보자. 우선순위에 따른 시간사용을 통해 두려움과 조급함에서 벗어날 수 있다.

- 2분면에 시간을 보내기 위해서 가용시간의 20%를 2분면에 의무사용하도록 시간을 배치하자. 2분면에 시간을 사용하지 않으면, 우리의 삶은 바뀌지 않는다.

- 균형 잡힌 목표 설정을 하자. 영적, 지적, 사회적, 신체적, 그 외에도 나에게 중요한 요소에 대한 목표를 세우기 시작하라. 균형이 무너지면 지속이 어려워진다.

- 연간 목표와 월간 목표, 주간 목표의 연계성을 체크하자. 귀납적 방법과 연역적 방법 2가지 방법을 활용해보라.

- '나의 목표'와 '남의 목표'를 구분하자. 목표를 세우기 전에 나에 대해서 알아야 한다. 내가 누구인지도 모르는데 어떻게 의미 있는 목표를 세우겠으며, 그 목표를 달성한다 한들 어떤 의미가 남겠는가.

- 시간관리를 활용해서 '나에게 맞는 목표'를 찾자. 시간을 분석해 보고, 가장 몰입하는 시간대와 환경을 찾아보자.

- 목표 설정에는 크게 3가지 단계가 있다. 현재 자신의 수준에 맞는 목표 단계를 참고해서 목표를 설정해 보길 권한다.

  1단계: 행위 자체
  2단계: 결과물 완성
  3단계: 결과물을 통한 핵심지표 변화

- 목표 설정 프로세스 3단계를 활용해서 목표를 설정하자.

  1. 하고 싶은 것, 해야 하는 것들을 리스트업
  2. 우선순위 설정
  3. 월간 목표 설정

- SMART 기법을 활용해서 목표를 구체화하자.

  Specific : 구체적인가?
  Measurable : 측정 가능한가?
  Action-oriented : 실천 계획이 있는가?
  Realistic : 현실적인가?
  Time-based : 시간에 기반되었나?

- 목표 설정이 너무 어려울 때 아래 프로세스를 따라해보자.

  Step1. 시간을 수치화해보자
  Step2. 지적 시간 혹은 신체적 시간을 30% 늘려라
  Step3. 그 시간의 결과를 사회적 시간과 연결시켜라

Q&A

목표설정

욕심을 부려서 무리한 목표와 계획을 세우는 경우가 자주 있습니다. 집중해야 할 목표와 버려야 할 목표를 구분하는 좋은 기준은 무엇일까요?

여러분의 '사명선언서'를 기준으로 결정해라. 지금 이 목표가 얼마나 '꿈'과 '비전'을 이루어가는지를 기준으로 선택하면 된다.

물론 어려울 수 있다. 하지만 내가 책에서 계속 강조했던 것처럼, 어렵다고 고민도 하지 않으면 평생 이 수준에 멈춰있을 거다. 당장 답이 나오지 않더라도 고민해 봐라. 여러분이 물에 빠졌다고 가정해 보자. 무엇을 포기하고, 무엇을 챙길 건가?

Focus Board를 활용해서 매일 우선순위를 설정해 봐라. 나에게 가장 중요한 건 무엇이고, 덜 중요한 건 무엇인지 매일 판단해 보는 거다. 그리고 주간 목표 달성률을 보면서, 이 하루를 이렇게 보내는 게 맞았던 건지, 중요하다고 느껴진 일이 정말 중요했는지 피드백해 보자.

해야 할 일들이 정말 많다면, 할 일을 다 나열해 봐라. 그리고 중요도와 긴급도를 기준으로 네 면에 분류해 보는 거다. 보통 정말 중요한 일들을 무리하게 계획하면, 계획이 망가지면서 결과물을 만들어내지 못하는 경우들이 많다. 중요한 만큼 시간을 통합하고 집중해서 사용해야 한다. 그래야 시간이 의미 있는 결과물까지 연결될 거다. 다음 파트에 이어지는 피드백 챕터를 보면서, 집중할 일을 올바르게 선택했는지 피드백해 봐라.

제가 가지고 있는 역할이 많아요. 회사에서는 마케팅팀장, 신사업TF 팀원, 집에서는 엄마, 아내 등 역할별로 고유한 목표가 있는데 이걸 어떻게 관리해야 할까요?

역할별 목표를 세워봐라. 그리고 목표끼리 우선순위를 설정해 보자. 다 하려고 하지 마라. 가장 중요하고 당장 해결해야 하는 것부터 우선적으로 집중해 봐라. 모든 걸 한 번에 다 하려고 하면 아무것도 못할 수 있다. 이 책에서 내가 제안하는 시간관리는 이전에 여러분이 하던 스케줄링과 다르다. 처음부터 모든 걸 한꺼번에 바꾸려고 하기 보다는 한 가지 영역에서 확실하게 목표를 달성하고 다른 영역으로 확장해 보면 좋겠다.

역할이 많은 분들에게 추천하고 싶은 우선순위 판단 기준 2단계를 소개하고 싶다. 첫 번째, 중요도와 긴급도를 기준으로 가장 중요하면서 가장 긴급한 목표를 Focus board에 1분면으로 규정해 봐라. 그리고 1

분면에 들어있는 역할별 목표를 파급력과 난이도를 기준으로 다시 나눠보자. 파급력이 가장 높고, 난이도가 가장 낮은 목표를 제일 높은 우선순위로 둬라.

지금 어떤 시즌을 지나는지를 스스로 생각해 보시는 것도 굉장히 중요하다. 시즌에 따라 특정 역할이 가장 중요하다고 판단되면, 그 역할의 목표를 달성하기 위해 가장 많은 시간을 배치해야 한다. 딸이 아직 돌도 안 지났기 때문에 나 같은 경우(시즌)에는 아빠로서의 시간을 보내는 게 중요하다고 생각한다. 그래서 아빠로서의 시간을 사전에 배치하고, 실제로 사용했는지, 어떻게 더 잘 사용할 수 있을지 연구하고 고민한다.

영어 공부라는 목표를 세워서 도전하고 있는데, 이 목표가 물류라는 제 직무와 직결되는 느낌은 안 들어요. 자기계발 목표를 통해 업무 성과가 높아지도록 목표를 설정하라고 하셨는데, 이걸 어떻게 연결하죠?

자기계발 목표를 먼저 세우고, 직무와 연결하려고 하면 어렵다. 굳이 연결한다면, 영어권 국가의 물류 기준을 공부한다고 연결할 수도 있다. 하지만 그걸 과연 써먹을 수 있을까? 자기만족에 그칠 가능성이 높다. 새로운 사례를 공부하는 정도다.

순서를 바꿔보자. 의도 없이 자기계발 목표를 먼저 설정하지 말고, 직무에서 자기계발 목표를 찾아봐라. 어떻게 찾을 수 있을까? 성과를 내기 위해서 가장 시간을 쏟았던 일을 찾아봐라. 그리고 그 시간을 줄이려면 어떤 역량을 키워야 하는지, 어떤 기술을 개발해야 하는지 찾아보는 거다. 그 길이 직무에 맞는 자기계발이다.

예를 들면, 나는 <면접왕 이형>과 <퇴사한 이형> 유튜브 채널 크리에이터라서, 목표를 가지고 유튜브를 보는 시간을 자기계발 시간으로 분류한다. 어떤 영상들이 반응이 좋은지, 어떤 장비로 촬영하면 좋을지 학습하는 거다. 그리고 학습한 내용을 실제로 적용해서 영상을 기획하고 촬영해 본다. 그 후, 조회 수나 구독자 수도 비교해 본다. 목표한 수치를 달성했다면, 이 자기계발 시간은 정말 의미 있는 시간인 거고 아니라면 낭비시간인 거다.

책 읽는 것도 비슷하다. 많은 분들이 '그냥' 책을 읽는 경우가 많다. 불편하게 들릴 수도 있겠지만, 이 책에서 제안하는 시간관리의 관점으로는 의도나 목표 없는 독서시간도 낭비시간이다. 책을 읽었다면 뭐라도 적용해야 한다. 애초에 적용하기 위해서 특정 책을 읽고, 적용점을 찾아야 진정한 의미의 자기계발이라 생각한다.

일과 삶을 동시에 잡는 시간관리 방법

영국 리즈대학교 박사과정 연구원 L님의 인터뷰

안녕하세요, 현재 영국 리즈대학교 박사과정 연구원으로 HR analytics(애널리틱스)를 연구하고 있습니다. 데이터 기반의 인사(Data-driven HR)에 관심 있는 기업을 대상으로 강의, 컨설팅, 프로젝트 등도 병행하고 있습니다. 학업 이전에 국내에서는, 이랜드에서 전략기획 및 인사 업무를 했습니다.

이준희 대표님과 언제, 어떻게 처음 만나셨나요?

이랜드그룹 입사 후 신입 입문교육 때 시간관리 강연의 강사로 오셨고, 이때 처음 뵈었습니다. 당시 강의가 매우 인상적이어서 강의를 마치고 나가시는 대표님을 따로 뵈려고 주차장까지 쫓아 나갔습니다. 그리고, 감사하다는 인사와 함께 언젠가 기회가 닿으면 대표님과 함께 일하고 싶다고 말씀드렸던 기억이 납니다.

이후, 그룹 전략기획실에서 일하다가 이준희 대표님(당시 건설 사업부 인사팀장)의 제안을 받고 인사팀 팀원으로 합류하여 2년가량 함께 일했습니다.

그 당시 이준희 팀장님과 시간관리와 관련해서 가장 기억에 남았던 순간에 대해 알려주세요

지금도 많은 순간이 생생하게 기억납니다. 그중에서 '시간관리'와 관련하여 가장 인상적이었던 기억은, 인사팀 주간회의 때마다 팀원들의 시간관리에 대한 피드백을 매우 중요하게 점검하셨던 기억입니다. 특히 비즈니스 현업이 바쁘더라도 시간/목표를 관리하는 데에 우선순위를 양보하지 않으셨습니다. 당시 제가 속한 인사팀의 인원수가 7명이었는데, 하루는 이런 말씀을 하셨던 게 기억납니다. "언젠가 우리 모두 다른 사업부로 이동하여 흩어지게 될 때가 올 것이다. 혹은 내가 갑작스레 다른 사업부로 이동할 수도 있다. 내가 여러분의 리더로서 남겨줄 수 있는 단 하나는 바인더를 활용하여 시간 및 목표를 관리하

는 습관이다. 이것이 팀장으로서의 내 역할보다 여러분에게 더 큰 힘이 될 것이다."

이준희 대표님께서 "시간관리는 목표관리다"라는 말씀을 자주 하시는데 어떻게 생각하시나요?

저도 그렇게 생각합니다. 이랜드 재직 경험이 있는 사람들은, 회사에서 공통적으로 바인더를 시간관리 도구로 활용하게 됩니다. 그 당시에 바인더라는 도구를 활용하여 시간을 관리하면서 다양한 영역에서 성공했다는 이전 사례들이 익숙하게 들렸던 기억이 납니다. 평범한 다른 이들도 이 도구를 활용하여 시간 및 목표를 관리하는 습관을 형성했고 그 과정에서 나름의 성취/성과를 이룬 것을 보며, 그들이 했다면 나도 할 수 있겠다는 생각이 들었습니다. 게다가 이랜드 재직 당시 이준희 대표님이 바인더를 활용하여 시간관리를 하시는 모습을 지근거리에서 지켜보며 자신에게 맞는 시간관리 툴을 지속적으로 보완 및 개발하는 것의 중요성을 깨달을 수 있었습니다.

시간관리를 하면서 가장 크게 달라진 부분은 무엇인가요?

측정과 기록을 통해 낭비되는 시간을 확인할 수 있었다는 점과, 목표관리 습관이 생겼다는 것입니다. 이러한 행동 변화는 삶의 다른 영역에도 근본적인 변화를 일으켰습니다. 예를 들어, 건강 영역에 대하여 목표를 정한 뒤, 연간, 분기별, 월간, 주간, 하루 단위로 역기획하여 해야 할 것들을 정하고, 이를 시간으로 배치해 놓으면, 제게 남는 것은 그냥 계획한 스케줄에 맞춰 하면 되는 것뿐이었습니다. 이것은 장기적인 실행력이 약했던 저의 삶의 패턴과 패러다임을 근본적으로 바꾸어 놓았습니다.

이 시간관리 방법을 다른 분들에게도 추천하시나요?

물론 추천합니다. 가장 단순하게는 자신의 비는(낭비되는) 시간을 '제대로' 알 수 있습니다. 막연히 짐작해서 아는 것과 측정 및 수치화된 결과를 통해 깨닫는 것은 완전히 다르기 때문입니다. 모든 시간 사용은 다 나름의 의미가 있지만, 경쟁 사회에서 사회적/비즈니스적 성공은 전략을 필요로 하며, 이는 곧 선택과 집중입니다. 목표로 설정한 것에 우선적으로 시간을 사용하는 것은 매우 전략적인 행동입니다. 시간관리는 이러한 전략적 접근을 가능케 하는 첫걸음입니다.

꼭 플래너나 노트를 활용해서가 아니더라도, 손에 들고 계신 핸드폰으로 오늘 하루의 시간을 기록해 보시라 권하고 싶습니다. 하루를 어떻게 보낼지에 대한 시간 계획을 적는 게 아니라, 이미 지나간 하루의 시간을 되돌아보며 기록하는 것입니다. 측정하게 되면 비로소 관리할 수 있습니다. 재정관리의 시작은 가계부를 적는 것이고, 체중관리의 시작은 몸무게를 재 보는 것처럼, 시간관리의 시작은 사용한 시간을 적어보는 것입니다.

지난 10년을 되돌아보았을 때, 버킷리스트의 약 30%를 달성했습니다.

- [x] 인사전문가 -> HR 분야 박사학위
- [x] 책쓰기 (비즈니스 파트너 HR애널리틱스)
- [x] 유럽여행
- [x] 대학 강단에 서는 것
- [x] 지식나눔 (Daum 브런치, 월간인재경영 등 기고)
- [x] TV출연 (인터뷰, 방송 등)

앞으로도 시간/목표관리의 도구로 나만의 시간관리 도구를 최적화하여 더 많은 것을 달성해 보고 싶습니다. 단, 이것은 단순히 목표 달성에만 초점을 두는 게 아니고, 목표 달성을 위해 시간을 우선적으로 활용하다 보면, 그 과정에서 겪는 경험도 더 풍성해지기 때문입니다.

PART 4

번아웃을 경험하지 않는 방법

Make your time more alive

Chapter 10

멋진 계획이 초라한 결과로 끝나는 이유

피드백의 기술

피드백은 정말 중요한 기술이다. 모든 일잘러 뿐 아니라, 위대한 업적을 남기는 모든 사람은 예외 없이 피드백에 능숙하다. 그렇다면, 피드백이 무엇일까? 여러 정의가 있지만, 나의 정의는 '나의 의도가 달성되었는가?'를 분석해 보는 행위이다.

피드백을 하기 위해서는 의도와 전략이 있어야 한다. 의도는 나의 방향성과 목적을 투영한 구체적인 목표이고, 전략은 이를 달성할 방법이라 이해하면 된다. 의도-전략 개념은 시간에도 적용시킬 수 있다.

시간을 피드백한다는 말은 시간을 분석한다는 뜻이다. 나의 하루 24시간을 어디에 사용했는지 파악해서, 내 삶을 통계로 분석해 내는 것이 피드백의 최종 그림이다. 하지만 처음부터 이렇게까지 할 수는 없다. 나 역시 처음에 시간을 분석할 때, 하루 24시간을 전부 분석하려고 애썼다가 이내 포기했던 기억이 있다. 누차 강조하지만, 시간관리의 핵심은 쉽고 단순함이다. 분석이 너무 복잡해지면, 분석을 좋아하지 않거나 성향에 맞지 않는 사람들은 재미를 잃기 쉽다. 설령 재미를 느끼더라도 반드시 지속하는 데에 어려움을 겪는다.

쉽고 단순한 피드백을 위해 나는 업무시간부터 분석했다. 처음에는 근무시간의 총량이 적정했는지를 분석하고, 내 인생에서 얼마나 많은 시간을 일터에서 보냈는지 확인했다. 분석할수록 회사에 있는 시간이 내 인생에서 큰 비중을 차지한다는 사실과 그렇기 때문에 회사에 있는 시간이 정말 중요하다는 사실 또한 깨달을 수 있었다.

직장인이라면 근무시간, 학생이라면 학교나 학원에서의 학습시간, 육아 중인 부모라면 아이를 케어하는 시간을 피드백해 보자. 총량의 변화는 분명히 의미 있는 숫자다. 매주 몇 시간이나 일하는지? 몇 시간 정도를 공부와 육아에 전념하는지 총 시간을 분류해 보자. 나는 이 시간을 메인 시간이라고 부른다. 직업과 관련된 시간이거나 자신이 무엇을 하는 사람인지 규정하는 시간이다. 이 메인 시간을 분석하는 것이다. 이 단계는 가장 기초적인 단계로, 이 단계를 마쳐야 다음 단계로 넘어갈 수 있다.

어느 정도 익숙해지면, 다음 단계는 메인 시간을 분류하는 단계이다. 기획/실행/낭비 시간으로 분류해 보라. 기획 시간은 본질적인 변화를 추구하는 시간이고, 실행 시간은 어쩔 수 없이 무언가를 할 수밖에 없는 시간, 낭비 시간은 아무런 가치가 없는 시간으로 쉽게 분류했다. 이것은 시간에 가치를 매기는 작업으로, 앞으로 우리가 정리하게 될 시간관리의 가장 기본적인 기술이 된다.

분류를 쉽게 하기 위해서 시간을 기록할 때 앞에 약자를 붙였다. 나는 P, E, N이라는 약자를 사용 했다. P는 Project/Planning(기획업무), E는

[직장 시간 분석 예시] P기획 / E실행 / N중요하지 않음

<table>
<tr><td rowspan="6">P</td><td rowspan="6">기획
159
82%</td><td>프로젝트</td><td>70</td><td>36%</td></tr>
<tr><td>팀소통</td><td>18</td><td>9%</td></tr>
<tr><td>KRS</td><td>2</td><td>1%</td></tr>
<tr><td>면담</td><td>10</td><td>5%</td></tr>
<tr><td>HRM</td><td>59</td><td>30%</td></tr>
<tr><td>BM</td><td></td><td></td></tr>
<tr><td rowspan="4">E</td><td rowspan="4">필요
27
13.9%</td><td>행정</td><td>10</td><td>5%</td></tr>
<tr><td>행사</td><td>8</td><td>4%</td></tr>
<tr><td>현장이동</td><td>4</td><td>2%</td></tr>
<tr><td>공지</td><td>5</td><td>3%</td></tr>
<tr><td rowspan="3">N</td><td rowspan="3">낭비
8
4.1%</td><td>남 일 대신</td><td></td><td></td></tr>
<tr><td>반복 위기</td><td></td><td></td></tr>
<tr><td>낭비</td><td>8</td><td>4%</td></tr>
<tr><td></td><td></td><td>Total</td><td>194</td><td></td></tr>
</table>

Execution(실행), N은 Not important(중요하지 않음)이다. 누구든지 내 방식을 차용해도 좋다. 그러나 자신에게 맞는 표현방식을 찾기 바란다.

이 단계에서는 시간의 밀도와 깊이에 대해 진지하게 고민하게 된다. 양을 넘어서 질로 넘어가는 전환점이 바로 이 지점이다. 메인 시간을 깊이 있게 들여다보면서, 내 시간을 바라보는 눈이 달라진다. 기획 시간을 늘리기 위해서 무엇이 필요한지, 실행을 조금 더 쉽게 하기 위해 어떻게 기획해야 할지, 낭비를 줄이기 위해 어떻게 기획할지 생각하게 된다. 이 과정을 잘 거쳐야 '관리를 위한 관리'를 넘어 진정 내 삶을 변화시키는 본질적인 관리 단계로 입문할 수 있다.

일단 분류를 통해서 시간을 분석하다 보면, 나름대로 생각이 떠오른다. 잘한 건 뭐고 아쉬운 건 뭐고, 다음에는 무엇을 해야 할지 계획하게 된다. 떠오르는 생각을 기록하는 게 중요하다. 간단히라도 시간분류표 옆에 피드백한 내용을 항상 적어두자.

내 경험상 피드백의 퀄리티를 높이는 가장 좋은 방법은 다른 사람에게 보여주고 설명하는 것이다. 다른 사람에게 분류표를 보여주면서 설명해 보면, 인생을 그렇게까지 피곤하게 사느냐고 혀를 내두를지 모른다. 하지만, 두 번 세 번 보여주고 계속해서 적용점을 찾고 인사이트를 이야기하는 당신의 모습에 곧 도전을 받게 될 것이다. 이 과정은 당신을 자연스럽게 일잘러로 만들어 준다. 그 분야에 정통한 사람, 늘 성장하는 사람으로 브랜딩 시켜줄 것이다. 모든 일잘러들은 성장에 목말라 있고, 남

[PEN 시간기록표] 분류, 계획 & 실행, 피드백

시간 계획	시간	실제 기록	P	E	N
기상	5				
출근	6	기상			
기도	7	출근			
QT	8	QT			
메일/업무정리	9	메일/업무정리		O	
PJ 기획 ↓	10	PJ 기획 ↓	O		
	11		O		
점심	12	점심			
PJ 기획	13	업무정리	O		
스케줄미팅	14	PJ 이슈트리	O		
경력입문교육운영	15	경력입문교육운영		O	
급여계약	16	업무양식수정		O	
PJ 실행안 ↓	17	ES 체득화PJ	O		
	18	부장님미팅		O	
저녁	19	저녁			
직원교육준비	20	경력입문공지			O

들은 보지 못하는 섬세한 눈을 가진 법이다. 시간을 분석하고 관리하면서, 보통 사람들이 보지 못하는 디테일을 찾아내고, 의미를 부여할 수 있는 능력을 갖추게 된다.

메인 시간을 분석하는 단계를 지나면, 24시간을 확장해서 볼 수 있게 된다. 이건 지극히 자연스러운 현상이다. 자신의 메인 시간을 분석하는 과정에서 메인이 아니라고 생각했던 퇴근 후 혹은 아침 시간이 궁금해지기 때문이다. 이미 당신은 시간을 분류하고 분석하는데 적응되어 있기 때문에, 24시간으로 확장하여 분석하는 게 어렵게 느껴지지 않을 것이다. 어쩌면 시간관리를 시작하며 기대했던 수준의 이상을 경험하면서 스스로를 대견하게 생각하고 있을지도 모른다.

결국 수치화 연습인 이유

나는 인사팀장을 하면서 정말 많은 사람을 만나보았다. 수많은 사람을 상대로 평가와 승진, 채용과 발탁을 경험해 보면서 알게 된 사실이 있다. 우수한 인재들의 특징이 있는데, 그것은 자신의 선택과 의견에 확신이 있다는 것이다. 확신을 갖게 되는 많은 근거가 있는데 대부분 숫자로 확인한 자신만의 데이터였다. 개인적인 부동산 구매나 주식투자, 프로젝트를 할 때 역시 나름의 근거를 가지고 일의 순서를 정하고 아젠다를 선점한다. 시간관리는 내 삶을 수치화하여 숫자로 관리한다는 뜻이라고 말하고 싶다. 내 삶에 있어서 수치화할 수 있는 모든 것을 수치화하는 것이다.

"내가 더 열심히 살 수 있는 방법은 무엇일까?" 이건 틀린 질문이다. 시간을 관리하면서 내 질문은 이렇게 바뀌었다. "어떻게 하면 학습시간을 2배로 늘릴 수 있을까?", "체지방을 3% 줄이기 위해서 운동시간을 몇 시간 늘려야 할까?"

내 삶에서 수치화할 수 있는 것부터 수치화하기 시작했다. 그러자 내 질문 또한 수치화되었다. 수치화는 단순히 자기만족을 넘어서 현재 내 위치를 매우 객관적으로 알게 해 준다. 피터 드러커는 '측정하지 않으면 관리할 수 없다'라는 명언을 남겼는데, 이는 나에게 매우 큰 인사이트였다. 내 삶도 수치화하지 못해서 관리를 못하는 사람이 사업 혹은 다른 사람을 관리할 수 있을까? 인사팀장을 오래 한 나는 '언젠가 CEO가 된다면 경영자로서 다른 사람과 회사의 돈, 사업을 관리해야 할 텐데… 시간이라는 자원을 수치화하면서 관리하는 연습을 하면 어느 정도 경영자로서의 준비를 할 수 있겠다'는 생각을 했다. 나에게 시간관리는 사업을 관리하는 미래 준비와 같았다. 그래서 더더욱 열심히 했다. 그래서 내 삶을 최대한 디테일하게 분류했던 것이다. 다음 표를 보면 알 수 있지만, 회사의 재무상태표와 비슷하다. 재무팀조차도 혀를 내두를 정도로 디테일하게 삶을 수치화 해냈다.

수치화를 시작하는 첫 단계는, 내가 목표 한 과제를 수행하기 위해 실제로 시간을 얼마나 사용했는지 분석하는 것이다. 예를 들어, 자전거 라이딩을 주간 목표로 설정했다고 치자. 그러면 실제로 자전거를 몇 시간 탔는지, 그를 통해 무엇이 바뀌었는지 추적하는 것이다. 이렇게 측정한 시간은 총 몇 시간이고, 일주일 168시간 대비 몇 %의 비중인지, 그리고

Driver		15년	%	1월	2월	3월	4월	5월	6월	7월	8월	9월	10월
	TOTAL	7246	82.7%										
	WPS	712	9.8%	10.4%	10.3%	8.8%	11.3%	8.2%	10.3%	11.8%	6.6%	12.9%	7.5%
영적	예배	271	3.7%	4.5%	2.2%	2.1%	6.5%	3.9%	4.0%	4.4%	2.8%	3.7%	2.7%
1110	기도	210	2.9%	2.7%	3.4%	3.6%	1.7%	1.9%	4.2%	3.9%	2.0%	3.7%	2.1%
15.3%	말씀	231	3.2%	3.3%	4.6%	3.1%	3.1%	2.4%	2.1%	3.4%	1.8%	5.5%	2.6%
	성도연합	325	4.5%	2.7%	2.8%	3.7%	5.1%	3.6%	4.2%	6.9%	7.6%	3.1%	4.3%
	전도	10	0.1%	0.1%	0.1%	0.0%	0.0%	0.1%	0.4%	0.2%	0.3%	0.0%	0.0%
	BM	63	0.9%	0.4%	0.0%	0.1%	0.0%	0.0%	1.0%	2.3%	2.4%	0.4%	1.5%
지적	공지	80	1.1%	0.4%	0.7%	0.7%	1.1%	0.4%	0.6%	1.7%	0.6%	2.2%	2.1%
1664	필독서	76	1.0%	1.6%	1.6%	0.6%	0.5%	1.8%	0.7%	3.0%	0.5%	0.0%	0.1%
23.0%	어학	2	0.0%	0.0%	0.0%	0.0%	0.0%	0.0%	0.0%	0.2%	0.0%	0.0%	0.0%
	연구	126	1.7%	2.1%	2.7%	0.9%	1.5%	1.8%	1.8%	2.7%	1.1%	1.2%	1.4%
	프로젝트	1022	14.1%	15.2%	10.4%	19.3%	15.1%	18.3%	19.2%	13.0%	20.2%	3.1%	8.5%
	HRM	329	4.5%	7.4%	8.8%	6.0%	3.0%	2.8%	1.0%	1.3%	7.0%	1.6%	6.9%
	행정	29	0.4%	1.6%	1.5%	0.0%	0.0%	0.7%	0.4%	0.0%	0.0%	0.0%	0.0%
사회적	아내랑	286	3.9%	3.7%	4.5%	3.4%	3.0%	3.6%	3.7%	5.5%	2.9%	3.9%	5.0%
910	관계	163	2.2%	1.0%	3.1%	1.6%	1.4%	2.4%	1.8%	1.5%	4.0%	3.1%	2.6%
12.6%	팀소통	168	2.3%	2.5%	2.7%	2.2%	1.9%	2.4%	1.0%	2.3%	2.2%	3.1%	2.7%
	KRS	38	0.5%	0.4%	0.3%	0.4%	1.1%	0.4%	1.2%	0.8%	0.4%	0.0%	0.0%
	면담	178	2.5%	3.1%	1.5%	2.5%	4.5%	1.9%	3.9%	1.0%	2.0%	1.8%	2.4%
	행사	77	1.1%	1.0%	1.2%	1.5%	1.5%	1.5%	0.7%	0.6%	0.5%	0.0%	1.9%
신체적	식사	370	5.1%	6.1%	6.0%	5.2%	4.9%	5.4%	4.5%	3.4%	2.0%	8.6%	5.6%
2973	운동	144	2.0%	2.5%	1.2%	2.4%	1.3%	1.0%	1.9%	2.2%	2.2%	0.7%	4.0%

월간 목표에 대한 시간 사용내역 수치화 (2015년)

 # 1st Week Feedback table

		driver	goal	time T.	result
목표 ①	수련회 전담팀 세팅 & 기도실 세팅 → 영적 12%	BM	2%	3.36	0.6%
목표 ②	HR PJ트리, 디바이커 셋업 & 면접자 세팅 → PJ 12%	프로젝트	12%	20.16	16.1%
목표 ③	2시간 예배, 자출 → 운동 5%	운동	5%	8.4	2.4%

주간 목표에 대한 시간 사용내역 수치화 (2015년)

이전 라이딩 시간과 비교해서 얼마나 성장했는지 분석하는 게 수치화의 시작이다. 끊임없이 어제의 나와 비교하는 것이다. 이 비교를 통해서 성장하는 나의 모습을 볼 수 있고, 성장해야 할 동기 또한 부여받을 수 있다.

우리에게는 다양한 고객이 있다. 어떤 고객과 얼마나 의미있는 시간을 보내는지가 우리의 성과와 직결되는 경우가 많다. 나는 꼭 만나야 할 고객들을 분류하고, 그들의 이야기를 들었던 시간만 따로 수치화해서 내가 똑바로 일하고 있는지 점검했다.

내가 중요하다고 생각한 시간을 분석하다 보니, 어느새 내 시간의 몰입도와 깊이까지 측정하고 싶어졌다. 그래서 시간을 분류하면서 동시에 몰입도를 상중하로 구분하여 추가로 평가해 보았다. 어느 정도 시간 분류에 능숙해지고, 나름의 시간 사용 기준이 생겼을 때는 나의 몰입도를 따로 보는 게 큰 도움이 된다. 몰입도가 높을 때의 특징과 몰입도가 낮을 때의 특징 등을 분석해 볼 수 있다. 나는 확실히 사무실보다 카페에서 몰입하기 쉬웠고, 밤보다 새벽에 몰입을 잘했다. 혼자 책상에 앉아서 기획안을 작성하기 전, 팀원들과 토론 시간을 가질 때 몰입도가 높았다. 불가능해 보이고 실패했던 목표에 도전하는 것은 문제가 없었다. 진짜 문제는 구체적인 목표가 없을 때였다. 몰입 자체를 할 수 없었기 때문이다.

나는 끊임없이 삶을 수치화하고 있다. 수치화를 할 때마다 인생의 의미와 교훈을 얻을 수 있었다. 그 결과 다른 사람들은 한 번도 생각해 보지 못했던 깊이까지 들어가기도 했다. 자랑하려고 하는 말이 아니다. 나는 처음부터 깊이 보는 사람이 아니었다. 한번 수치화의 강력함을 맛보고 나니, 원리는 생각보다 간단했고 파급력은 매우 큼을 깨달았을 뿐이다. 시간관리를 여러 형태로 적용해 보고, 이런저런 시도를 하면서 발전시켜 왔다.

이 작업을 10년 넘게 반복한 게 내 노력의 전부이다. 그리고 이것이 다른 사람들과 나의 차이이다. 수치화는 우리의 시간관리가 지속될 수 있도록 도와준다. 변하는 숫자를 보며, 새로운 도전과 인사이트를 갖게 되고, 목표를 달성했을 때에는 보람과 즐거움을 느끼게 된다. 수치화는 분류작업으로부터 시작된다. 내 삶의 기록을 세밀하게 보고 분류해 보자. 단순한 분류가 대단한 분석으로 이어질 것이다. 숫자들은 우리에게 도전과 의미를 가져다줄 것이다.

실패를 반복하지 않는 방법 - Drill down

목표를 향해 도전하다 보면 실패를 마주하게 된다. 실패해도 괜찮다. 그러나 실패 앞에서 어떻게 반응하는지가 결국 목표를 달성하는 사람과 그렇지 않은 사람을 구분 짓는다.

목표를 달성하지 못했다면, 그 원인을 분석해야 한다. 원인을 분석할 때, 표면적이거나 감정적인 수준에서 분석을 멈춘다면, 진정한 의미의 피드백이 아니다. 진정한 피드백은 다시 한번 동일한 목표에 도전한다고 가정했을 때, 목표 달성률을 높여주는 대비책을 찾는 작업이다. 실패 앞에서, 구체적인 액션플랜을 찾을 때까지 '드릴다운' 해야 한다.

드릴다운 예시

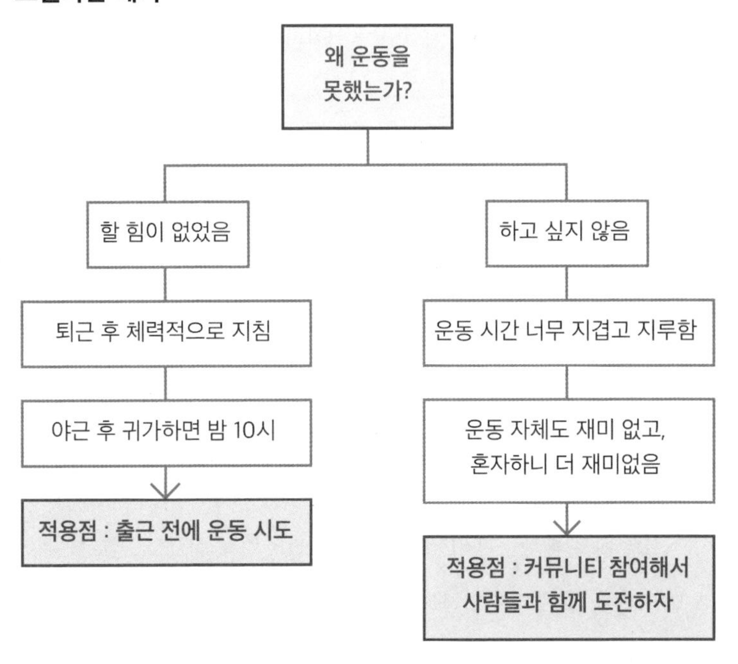

드릴다운은 어떤 현상을 한 번 더 깨고 들어가서 '왜 이런 현상이 발생했는지?' '이걸 해결하려면 어떻게 해야 하는지?' 질문하며 깊게 파고드는 작업이다.

이때 활용할 수 있는 좋은 스킬이 5 Why Questions이다. '왜 달성하지 못했는가?' '왜 나는 이런 감정을 느꼈는가?' '왜 피곤했지?' 등등. 반복해서 '왜?'라는 질문을 던지며 깊게 파보다 보면, 이 모든 원인을 발생시킨 본질적인 원인을 찾게 된다. 문제를 드릴다운 하지 않으면 실패가 반복

될 뿐이다.

3가지 관점으로 피드백을 해보길 추천한다.

1. 목표를 달성하기 위해 시간을 계획했는가?
2. 목표를 달성하기 위해 확보한 시간에 집중했는가?
3. 예상하지 못한 일이 생겼는가?

피드백의 예시를 들어보겠다. 한 달 안에 체중을 3kg 감량하겠다는 목표를 세운다. 한 달 후 몸무게를 측정해 보니, 변화가 없었다. 피드백 결과 운동은 열심히 했지만, 식단 조절에 실패했음을 알 수 있었다. 왜 식단 조절에 실패했는가?(Drill down) 갑작스럽게 큰 프로젝트를 여러 개 맡으면서, 늦게까지 일하는 날들이 많아졌고 야식을 먹은 게 화근이었다. 밤늦게 일하는 스케줄 자체를 바꿀 수 없는 상황이므로, 야식 대신 다이어트 간식을 먹을 수 있도록 구매해야겠다는 적용점을 찾았다.

피드백을 마치고 꼭 점검해야 할 사항이 있다. 결론적으로 찾아낸 적용점(위의 경우에는 야식 대신 다이어트 간식)이 내가 주체적으로 취할 행동인지를 점검해 보아야 한다. 피드백의 결론이 남 탓으로 끝날 경우, 스스로의 힘으로 충분히 바꿀 수 있던 일들이 우리의 손아귀에서 빠져나가게 된다.

Chapter 11

회사가 내 시간을 방해할 때

나를 방해하는 것인가? 내가 방해하는 것인가?

시간관리를 하다 보면, 피할 수 없는 대상을 만난다. 나의 시간을 방해하기로 작정한 사람들이다. 때로는 상사일 수 있고, 동료 혹은 부하직원일 수도 있다. 분류작업을 엄청 열심히 하여 시간을 기획해도, 집중시간에 누군가가 새로운 일을 요청하고, 했던 말을 또 하고, 갑자기 티타임을 갖자고 하고, 실수가 빵빵 터지기도 한다. 예기치 못한 상황이 난발하기 때문일까. 많은 이들이 시간관리를 도저히 불가능하다고 여기기도 한다. 모든 계획에는 변수가 생긴다. 그렇다면 흔들리는 계획은 세울 필요가 없을까?

나 역시 예기치 못한 무수히 많은 시간을 겪어왔다. 그러나 계획이 흔들린다고 시간관리를 포기한다면, 세월이 흘러도 결국 삶을 관리할 수 없고, 주도하는 삶은커녕 끌려다니는 삶으로 전락할게 자명하다. 그래서 나는 나를 방해하는 사람들이 누구인지 분류하기 시작했다. 시간을 계획과 실행으로 구분했고, 계획과 실행 간에 차이가 생기는 원인을 파악했다. 처음에는 계획을 연필로 작성하고, 실제 사용시간을 볼펜으로 작성해서 차이가 생기는 부분을 확인했다. 계획에 따라 시간을 사용하

계획/실행 시간 기록표 양식

양식 출처 : 타임트래커 프로 데일리

시간 계획		실제 시간 사용 기록	할 일
	4		
	5		
운동	6	운동	
	7	준비	
이동	8	이동	
일일업무	9	일일업무	
미팅	10	전체 미팅	
	11		
점심	12		
교육기획	13	점심	
	14	팀장님 보고	
	15		
매출피드백	16	교육 기획	
	17		

면, 볼펜으로 추가 작성하지 않고 그냥 놔두었다.

계획 대비 실행을 좀 더 적극적으로 분석하기 위해, 계획과 실제 사용 시간을 정확하게 분류한 양식을 만들었다. 계획이 틀어지는 시간대와 그 원인을 하나씩 확인하기 위해서였다. '도대체 누가? 왜? 어떤 상황에서 나를 방해하는가?'라는 질문을 스스로에게 던지며, 틀어진 계획을 깊이 고찰해 보았다. 생각을 정리하는 데는 언제나 빈 노트에 연필이 좋다. 포스트잇이나 별도의 노트는 유용하다.

이 과정은 엄청난 분석을 필요로 하는 것 같지만, 사실은 시간 기록표에 간단한 분류를 추가하는 게 전부이다. 형광펜 색을 하나 추가하거나, 볼펜으로 체크 표시를 따로 하면 된다. 시간 기록과 분류는 아주 단순하지만 강력한 도구라는 사실을 잊지 말자. 중요한 점은 일정 기간 동안 꾸준히 이런 방식을 유지하는 끈기이다. 누적의 힘은 강력하다.

수년간 시간 방해 분류를 하면서, 놀라운 사실을 깨달을 수 있었다. 나를 방해하는 사람들이 아니라, 사실은 내가 그들을 방해하고 있었다는 사실이다. 영업부 시절 나를 가장 괴롭힌 사람들은 매장주였다. 언제나 분노에 찬 매장주들은 항상 나에게 클레임을 제기했다. '왜 물건을 안 보내주는지? 수량은 왜 이렇게밖에 못 주는지? 왜 브랜드는 별도의 인테리어 정책을 제시하지 않는지? 계약서는 대체 언제 보내줄 건지' 등등… 인사팀 시절에는 사업부의 책임자분들이 나를 괴롭혔다. '연봉 재계약 혹은 교육 대상자 리스트는 언제 보내줄 것인지? 노트북이 고장 났는데, 왜 아무도 조치를 취하지 않는지' 등 사소한 일부터 근속과 관련한 중요한 이슈까지 끊임이 없었다. 방해자들은 왜 갖가지 이유를 들며 내 시간을 침해할까?

조금만 고민해 보면 누구나 쉽게 알 수 있다. 결과적으로 내가 미리 주었어야 할 정보들을 주지 않고, 처리했어야 할 업무들을 하지 않았기 때문에 일어난 사건이었다. 해야 할 일을 하지 않고, 나만의 시간 계획을 했으니, 당연히 클레임이 지속될 수밖에 없다. 어찌 보면, 그들이 나를 방해한다기보다 내가 그들을 방해하고 있던 것이다.

그렇다면, 왜 나는 할 일을 하지 않았는가? 고객 혹은 같이 일하는 사람들에게 '무엇이 필요한지' 먼저 물어보지 않았기 때문이다. 나의 이기주의와 편협한 시각, 무능력이 만나, 달성 불가능한 시간 계획을 만들었다.

시간을 기록해서, 나를 방해하는 사람과 상황을 분류해 보자. 방해의 원인이 나에게 있다면, 선제적으로 해결해서 사전에 제거할 수 있고, 정말 불규칙적으로 나를 반복하는 방해요소라면 도움을 요청할 수도 있다. 중요한 점은 방해 요인을 확인하는 단순한 습관이 지속될 때, 나만의 노하우가 생긴다는 것이다.

반복되는 방해는 예측해야 한다.

나를 방해하는 세력 중에 빠지지 않는 사람은 바로 상사이다. 많은 이들이 상사가 자기 일에 도움 되지 않고, 자신을 방해하는 첫 번째 대상으로 인식할지 모르겠다. 이는 절반의 진실이다. 정말 그럴 수도 있지만, 조직과 상사에 대한 이해 부족이 원인이 되는 경우도 상당히 많다.

12년간 직장 생활을 하면서 정말 많은 상사를 만나봤다. 굉장히 유능한 상사가 대부분이었고, 아주 소수였지만 정말 무능한 상사도 있었다. 내가 시간을 분류하면서 알게 된 사실이 있다. 상사의 유능함이나 무능함과는 별개로, 그들이 내 시간을 방해하는 이유는 동일했다. 바로 계획이 바뀌는 경우이다. 상사가 원래 하기로 했던 일을 까먹었거나, 전혀 다른 이슈를 이야기하거나, 중요한 일이라고 해서 열심히 처리했는데 갑자기 중요하지 않다고 말을 바꾸는 경우 말이다. 이런 일이 반복되면, 상사를 신뢰할 수 없게 되고 진정성과 방향성을 의심받게 된다.

나는 상사가 방해 요인임을 증명해 보고자 도전한 적이 있다. '예전에는 이렇게 지시해놓고 왜 갑자기 말을 바꾸나요!'라는 말을 하고 싶었다. 그래서 어떤 형태로건 상사와 미팅했던 내용을 전부 기록했다. 항상 노트를 들고 가서 받아 적으면서 미팅에 참여했고, 혹여 그러지 못한 경우에는 책상에 돌아와 기억이 사라지기 전에 전부 받아 적었다. 이 습관은 시간기록과 분류라는 단순한 습관이 적용된 케이스이다.

상사와 만날 때마다 작성한 기록을, 상사별로 모아두고 정기적으로 분류했다. 팀장님/실장님 노트, 대표이사님 노트, 회장님 노트가 별도로 있었다. 동일한 이슈 혹은 기준이 될 만한 내용들을 분류하다 보면서 깨달은 사실이 있다. 상사의 말이 그때그때 달라진다고 생각했는데, 그게 내 오해였다는 사실이다. 상사는 내가 미처 생각하지 못한 거대 개념이나 이슈를 파편적으로 설명했다. 그렇기 때문에 까만색으로 보였던 상사의 말이, 다른 시점이나 각도에서는 회색으로 보이고, 흰색으로도 바뀌어 보였던 것이다.

이 사실을 깨닫고 나니, 이전에는 상사분들의 변덕이라고 치부했던 내용들이, 내가 조금 더 명확하게 규정해야 할 요소로 인식되기 시작했다. 그래서 미팅 후에는 반드시 분류작업을 거쳐서 내가 올바로 이해했는지 되물었고, 일을 추진하는 방법과 프로세스, 타이밍에 대해서 합의하는 미팅을 추가로 하곤 했다. 이 노하우는 일잘러를 만드는 유튜브 채널인 '퇴사한 이형'에서 충분히 설명하였으니 참고하기 바란다.

상사의 변덕 혹은 인접 부서나 동료의 갑작스러운 요구를 분류하다 보면, 일정한 패턴이 있음을 알 수 있다. 또 동료나 다른 부서가 갑작스럽게 나에게 무언가를 요구한다면, 대부분 타이밍 이슈를 포함한다는 사실 또한 알게 된다. 예를 들어, 신제품이 출시된 직후라던가, 결산업무가 진행되는 시기라던가, 승진 대상자 발표 전과 같은 중요한 시기 말이다. 이를 미리 파악할 수 있으면, 이슈가 생기기 전에 먼저 물어봄으로써 많은 방해요소를 차단할 수 있다. 나를 방해할 예정인지 먼저 물어봐라. 그리고 어떻게 해주어야 나를 방해하지 않을지(내가 무엇을 먼저

미팅 후 속기록 관리 방식

속기록 후 체크 포인트 (준비물 : 3색 볼펜)

- ■ 중요한 것 : 상사의 니즈 또는 내가 해야 할 일
- ■ 추가로 논의가 필요한 것, 다음 미팅 때 준비해야 할 것 등

일시 : 202X. X.X 9:10 | 장소 : L님 사무실
주제 : A프로젝트 평가

A프로젝트 뭐가 남았는가? M님

상품, 프로세스, MZ세대, 인사제도 → 규정해야 함

A프로젝트에 너무 사람이 많아서 생기는 이슈

프로젝트 재설계 필요 → 프로젝트 평가기준 설계 PJ

누가 맡는게 맞는건지?

팀원 강점 조합 어떤가?

A프로젝트 진척도?

⋮

→ 차주 미팅 아젠다

지금 A프로젝트는 고객의 어떤 문제를 해결해주고 있나?

답변 안되면 차라리 다른 프로젝트 추진하는게 맞다

⋮

속기록 관리 후 정리

미팅 내용 가시화 : 이슈트리

위(왼쪽) : 나와 직결되는 내용

아래(오른쪽) : 그 외

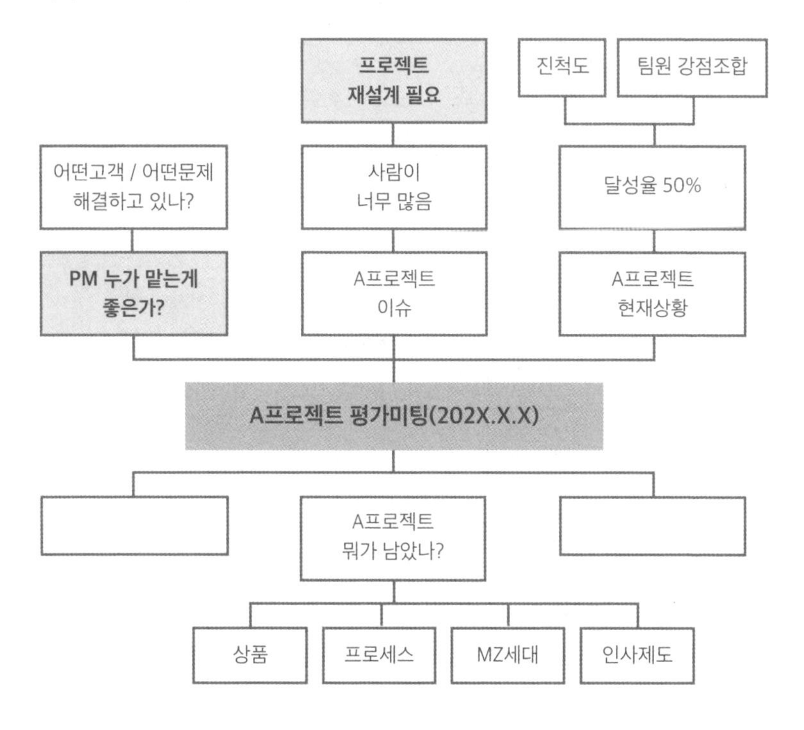

해주면 좋을지) 먼저 확인해라. 대상자와 상황을 모조리 파악하면 대부분 해결할 수 있다.

도저히 안될 때, 극복 방법

여기까지 했는데도 계속 방해받는 상황이 분명히 있었다. 갑작스럽게 환경이 바뀐다거나, 상사나 동료가 스스로 체계화가 되지 않은 부류의 사람이라던가, 기질적으로 체계가 잡히지 않는 사람과 일할 수도 있다. 우리 시간 전체를 집중된 시간으로 구성하기는 쉽지 않지만, 정말 중요한 기획을 하거나 반복되는 문제의 원인을 분석하고 해결하기 위한 집중시간은 필요하다. 집중시간을 방해하는 요인들을 도저히 뿌리칠 수 없다면, 내가 했던 몇 가지 방법들을 적용해 보기 바란다.

내가 선택한 첫 번째 방법은 '새벽시간'이었다. 새벽시간은 보통 밤 12시부터 아침 6시까지의 시간을 지칭한다. 어떨 때는 밤늦은 새벽, 어떨 때는 이른 새벽시간을 사용해서 집중시간으로 활용했다. 이 방법은 아주 제한적이지만 꽤나 효과가 있다. 새벽시간을 사용하는 기준은 중요한 이벤트(발표회, 기획, 론칭, 결산 등)를 앞두고 있거나, 큰 문제가 발생했을 때 문제 해결을 위한 분석시간이 필요하다고 판단했을 때이다. 짧게는 10일, 길게는 40일까지 특별 새벽시간을 운영한 적이 있다. 내가 했던 방법은 보통 새벽 4시에 택시를 타고 출근해서 아무도 없는 사무실에 나 혼자 일하는 식이었다.

누구는 말도 안 된다고 생각할지 모르겠지만, 나는 일찍 출근하는 고통보다 매일 반복되는 문제가 더 고통스러웠다. 문제를 해결해야 살 것 같았다. 문제가 해결되면, 스트레스도 덜 받기 때문에 하루 종일 더 쉽게 더 몰입해서 일할 수 있다. 그런데, 문제가 해결되지 않으면, 아무리 노력하고 아무리 고민해도 답답함만 쌓인다. 며칠간의 새벽 출근만으로도, 많은 문제가 해결되었다. 새벽시간 동안 다른 사람과는 구별되는 나만의 루틴, 나만의 경험을 만들 수 있었다. 새벽의 힘으로 유명한 유튜버와 작가가 될 수 있다. 새벽시간은 그만큼 강력하다.

여기서 제시하는 방법은 본질적인 문제를 해결하거나 의미 있는 기획을 위한 집중시간을 새벽에 배치해 보라는 뜻이지, 자기계발을 위해 새벽루틴을 짜보라는 말이 아니다. 매일 새벽마다 시간을 내기는 어렵고, 나만의 기간을 정해서 특정 주제를 해결하기 위한 도전을 해보자.

두 번째로 선택했던 방법은 연차휴가였다. 휴가를 내고 나 혼자 집중할 수 있는 환경을 만드는 방법이다. 말도 안 되고 미쳤다고 할지도 모르겠다. 그런데, 잘 생각해 보면 아주 이상한 결정은 아니다. 연차휴가가 존재하는 이유는 일에 몰입할 수 있는 휴식과 회복을 부여하기 위함이다. 그런데 내가 회사에서 계속 지치고 힘든 상태가 반복된다면, 그걸 해결하는 것이야말로 진짜 휴식과 회복이지 않을까?

시간을 지속적으로 관리할 때 반드시 나타나는 현상이 있다. 반복되는 문제와 상황이 계속 눈에 거슬려진다는 것이다. 반복되는 문제로 인해 전체적인 효율성이 떨어지고, 나의 심리적인 방황은 더 길어진다. 이 상황을 놔두면, 결국 직장생활에 생명력이 다할 수 있다. 출퇴근만 반복하고 월급 이외에는 아무런 낙이 없는 생활로 전락하는 것이다.

직장인이라면 회사에서의 일과시간, 학생이라면 학교에서 공부하는 시간, 육아맘이라면 아기를 케어하는 시간이 메인(main) 시간인데 그 시간이 괴롭고 생명력이 없다면 그보다 괴롭고 답답한 상황이 또 있을까? 나는 메인시간에 생명력을 부여하는 것만이 우리가 인간답게 살 수 있는 거의 유일한 방법이라고 생각한다.

나 역시 이를 회복하기 위해서 더 망가지기 전에, 그리고 아무 생각 없이 메인시간을 사용하지 않기 위해서 발버둥 쳤다. 생명력 없는 시간이 나를 지배하는 순간, 나는 좀비 직장인이 된다. 그때부터 시간은 나를 위해 존재하지 않고, 내가 시간을 위해 존재하게 된다. 시간이 되었기 때문에 출근하고, 시간이 되었으니 퇴근하고, 출근했으니 고통스럽고, 퇴근했으니 출근을 두려워하는 그런 인생이 되고 마는 것이다. 나는 이런 악순환을 끊고 싶었다. 무언가 해야만 했다. 그래서 새벽시간으로도 해결이 되지 않으면 하루에서 삼일 정도의 연차휴가를 신청하고 어딘가로 떠났다.

연차를 내고 일을 하는 게 즐겁기만 하지는 않다. 나름의 보상이 필요하기 때문에 나는 아내와 함께 여행을 떠나서 일해보기도 하고, 평소에 가보지 못했던 서점이나 카페에 가서 집중시간을 갖고는 했다. 추억도 생기고, 고민도 해결하는 좋은 방법이 될 수도 있으니, 너무 미친 짓이라고 생각하지 말고 한번 도전해 보기 바란다.

Chapter 12

매번 실패하는 목표

목표가 적정했는지 점검해 보아야 할 2가지 포인트

시간을 관리하면서 나는 매우 진지한 목표를 설정했다. 신중을 다하고 고심한 끝에 달성하고 싶은 목표를 찾아냈었다. 그런데도 목표를 달성하지 못해 매달, 매년 똑같은 얼굴을 비추는 녀석이 있었으니 바로 신체적 목표였다. 나는 몸무게를 80kg 이하로 유지하는 걸 10년째 목표로 삼고 있다. 사실 글을 쓰는 지금 이 순간도 싸우고 있는데, 그나마 현재 몸무게가 80.7kg으로, 목표에 가장 근접한 순간이다.

지난 10년 동안 체중을 82kg 밑으로 감량시켜 본 적이 한 번도 없었다. 일시적으로 오르락내리락하긴 했지만, 계속 실패했다. 매달 똑같은 목표를 설정해도 84kg 혹은 85kg 정도로 체중이 늘어나야 심각성을 느끼고 반짝 다이어트를 했을 뿐이다.

신체적 목표는 나에게 너무 중요하고 달성하고 싶은 목표였다. 하지만 막상 시간분류표를 보면 신체적 목표는 늘 뒷전이었다. 영적, 지적, 사회적 목표에 투자하는 시간에 비해 신체적 목표는 언제나 5%도 사용하지 않았다.

3개년 신체적 목표 시간분류표 예시

목표	전략	18년 목표	16년 결과	17년 결과	18년 결과	18년 달성	전년대비 성장율
몸무게 80kg 골격근량 40kg 체지방율 17%	헬스장 JCT 자전거 출퇴근 관문 FC	3%	1.8%	1.9%	2.1%	71%	112.9%

계속 반복해서 실패하는 목표는 2가지 관점에서 피드백해 보아야 한다.

1. 목표 자체가 너무 높지는 않았는지?
2. 방법이 잘못되지는 않았는지?

목표를 반복적으로 달성하지 못한다면, 반드시 목표 자체가 적절했는지부터 피드백해야 한다. 지난 10년간 나의 평균 체중은 82.5kg 정도였다. 그런데 나의 체중 목표는 언제나 80kg 미만이었다. 왜 굳이 80kg을 목표로 삼았을까? 그 이유는, 80kg이 내 기억 속에 가장 가볍고 컨디션이 좋은 상태였기 때문이다. 80kg은 15년 전, 군대를 전역할 당시의 수치였다! 나는 대학, 군 복무 시절까지만 해도 엄청난 양의 운동을 했고, 보디빌딩도 했기 때문에 일반인에 비해 근육량이 압도적으로 높았다. 지금은 근 손실이 많이 일어나서 그렇지도 않지만, 15년 전 최상의 몸무게를 아직도 목표로 한다는 점을 진지하게 성찰한 적이 없었고, 그저 그 당시 몸무게를 아직도 추억하고 있다. 이런 경우에는 보통 목표 달성이 어려워진다. 목표라고 말하지만, 사실은 목표가 아니라 그냥 추억 회상에 불과하다.

이때 필요한 것은, 목표를 쪼개고 과정을 설계하는 것이다. 나는 지난 10년간 꿈쩍하지 않았던 체중을 피드백하면서, 올해 말까지 80kg으로 감량한다는 목표를 설정하고, 매달 목표를 '1kg씩 감량'으로 쪼갰다. 대학 시절 운동생리학을 공부할 때 연구한 바에 의하면, 한 달에 1kg 이상 감량한 경우, 요요현상이 90% 이상 발생한다고 한다. 물론 각 사람의 상황과 현재 체중에 따라 요요가 오지 않을 수도 있다. 나는 무리한 체중 감량에 대한 지식이 있었음에도 매달 3~5kg을 감량하겠다는 어려운 목표를 설정했다. 이는 요요현상을 목표로 하는 것과 다름이 없었다. 한 달에 3~5kg 감량은 부담되지만, 1kg 감량은 잘만 하면 충분히 할 수 있을 것 같았다. 1kg은 하루 이틀 굶어서라도 일시적으로 뺄 수 있는 수치이다. 즉, 해볼 만한 목표인 것이다. 충분히 가시적이고 도전해 볼 법하다. 현재 나만의 다이어트 방식인 피토케미컬 다이어트로 대단한 운동 없이, 식이요법만으로 2달에 걸쳐 3kg을 감량한 상태이고 현재 잘 유지하고 있다. 내 유튜브 채널에서 2년 전에 업로드 한 영상과 최근 영상을 보면 육안으로도 차이를 구분할 수 있다.

두 번째로 점검해야 하는 점은 방법이다. 올바른 방법을 사용했는지 선략과 실행 측면을 되돌아보라. 사실 전략과 실행에 대해 할 이야기가 너무 많지만, 이 장에서는 우리의 이정표인 시간만 다루겠다.

언제나 그렇듯, 시간관리는 최고의 목표 달성 전략이다. 다이어트 방법은 다양하다. 섭취량을 줄일 수도 있고, 운동량을 10배로 늘릴 수도 있다. 수많은 식이요법 혹은 운동 방법이 존재하지만, 분명한 것은 시간을 투자하지 않으면 아무 일도 일어나지 않는다는 것이다. 그래서 우리는 목표 달성을 위한 시간 배정에 집중하고자 한다. 시간을 분류해 보면, 매주/매월 사용한 시간의 비율을 볼 수 있다. 목표 달성을 위해 시간 비율을 확인해 보라. 어떤 목표를 달성하기 위해서 10% 미만의 시간을 사용한다면 대부분 현상 유지도 어려울 것이다. 나의 경험상 그러했다. 아무리 놀라운 방법을 찾는다 하더라도, 시간을 사용하지 않으면 아무것도 할 수 없다.

그래서 다이어트에 관한 좋은 책을 찾아 읽기 시작하며, 신체적 목표 달성을 위한 첫걸음을 내디뎠다. 이때 독서시간을 지적인 시간이 아니라 신체적 시간으로 분류했다. 독서 행위 자체는 지적 활동 범주에 속하지만, 이를 통해 달성하고자 하는 목표는 신체적 목표이다. 때문에 시간의 투자라는 관점을 정확하게 피드백하기 위해서 독서시간을 신체적 시간으로 분류했다. 시간을 투자해 책을 읽으며 피토케미컬 다이어트 방식을 찾았다. 방식에 따라 식단을 준비하고 구매하고 만드는 시간도 모두 신체적 시간으로 분류했다.

운동하는 시간 역시 마찬가지이다. 이러한 시간 분류 방식을 통해서 나는 신체적 목표에 많은 시간을 할애하고 있음을 인지하게 되었다. 그러자 자연스레 변화를 기대하게 되었고, 기대감에 목표를 더욱 의식하게 되었다. 결국 분류를 통한 시간 사용의 변화가 견고했던 내 삶에 작은 틈을 내게 되었고, 나는 그 틈을 비집고 절대 바뀌지 않을 것 같던 내 체중을 변화시켰다.

지금의 체중 변화는 이전의 체중변화 와는 양상이 다르다. 아주 점진적이고, 실제적이다. 최근에는 식사할 때마다 내가 텍스트북으로 삼았던 책을 펼쳐놓고 한 챕터씩 읽는다. 식사시간은 나에게 신체를 관리하는 매우 중요한 시간이다. 10여 년 간 시간관리에 도전했던 꾸준한 관성으로 체중을 관리하고 있음을 느낀다. 수년 뒤, 나만의 다이어트 책을 집필하고 있지 않을까 기대해 본다.

시간의 구조를 완전히 바꾸는 방법

시간을 사용하는 게 가장 확실한 목표 달성 전략임을 이야기한 바 있다. 하지만, 우리는 여러 이유들로 시간을 빼앗기고 있다. 현대인의 삶은 복잡하고 변화가 빠르다. 언제나 피곤하고 정신이 없어서 사용할 시간이 없다고 생각할지 모르겠다. 하지만, 이건 시간관리를 모르는 사람들의 생각이다. 당신의 시간분류표를 펼쳐보라. 사실은 시간이 없는 것이 아니라, 당신이 분주하게 살고 있을 뿐이다. 관심사가 다양하고, 주변에 좋다고 하는 것들을 너무 많이 보고 듣는다. 좋은 것들을 다 따라하다 보니, 정작 내게 중요한 것들을 놓치고 살게 된다. 백수가 과로사로 죽는다는 웃지 못할 이야기도 있지 않은가? 현재 바쁘고 정신없는 상태에 처했는가? 시간을 기준으로 삶을 정확히 피드백해 보아야 할지도 모른다.

나는 심플한 삶을 목표로 끊임없이 시간의 구조를 바꾸었다. 중요한 것에 시간을 먼저 배치하기 위해 늘 노력했다. 시간 배치는 시간의 구조라는 측면에서 분류와 함께 보아야 할 중요한 포인트이다. 사람마다 중요하게 생각하는 활동과 습관이 있겠지만, 나에게 가장 중요한 활동은 자기계발이다. 자기계발을 놓치는 순간 나는 정체되고, 삶의 의미와 방향성을 잃을 수 있다고 생각한다. 자기계발을 멈추면 언젠가 나도 꼰대가 되어서 별 효과도 없는 나만의 방식을 '라떼는 말이야~'라는 서두로 시전할 것이다. 너무 싫다. 상상만으로 몸서리난다. 한때는 먹혔던 방법, 예전에는 유효했지만 현재에는 사장된 방법론에 머물지 않으려면 언제나 새로운 관점과 학습의 시간, 영감이 필요하다.

나는 독서와 큐티로 새로운 관점, 영감을 받는다. 그중에서도 큐티(Quiet Time)라는 성경을 읽는 시간을 가장 중요하게 생각하는데, 지난 10년간 최우선 순위로 배치했던 시간이다. 회사에 다닐 때도, 퇴사하고 창업해서도 변치 않게 적용하는 구조가 하나 있는데 바로 하루 일과를 시작하기 전에 큐티라는 성경 묵상 시간을 1시간 배치하는 것이다. 나에게는 이 시간이 새로운 영감을 얻는 시간이고, 내가 하고 있는 일과 나의 존재에 대한 의미를 찾는 시간이기도 하다. 때로는 성경을 통해 전혀 새로운 전략을 받기도 하고, 기도의 제목과 대상을 찾기도 한다. 가끔씩 내가 유튜브에서 어떤 이야기를 하면, 사람들이 눈물을 흘리고 감동받기도 하는데 그런 모든 소재를 이 시간에 정리한다.

남들과 다른 생각을 할 수 있는 시간이 바로 이 시간이다. 나의 전략이 개발되는 너무도 분명한 시간이기 때문에 나는 이 시간을 확보하기 위해 삶의 구조를 변경해왔다.

여러분이 가장 중요하게 생각하는 시간은 어떤 시간인가? 누군가에게는 가족과의 시간일 수도 있고, 누군가에게는 운동일 수도 있다. 중요한 시간을 위해 구조를 바꾸는 방법은 아주 간단하다. 중요시간을 규정하고, 하루의 정규 일과 전에 먼저 시작해라. 그 구조를 디폴트 값으로 삼는 것이 핵심이다. 그러기 위해서는, 남들보다 한 시간 일찍 움직여야 한다. 출근하려면 한 시간 일찍 출근해라. 학교에 가려면 한 시간

일찍 가라. 아침에 한 시간 일찍 기상하려거든 전날 한 시간 일찍 잠자리에 들어라.

결국 전날 일찍 잠자리에 드는 것이 관건이다. 일찍 잠들지 않으면서 하루를 일찍 시작한다는 말은 현실성이 떨어진다. 그런데, 문제는 일찍 잠드는 게 생각보다 어렵다는 점이다. 그나마 다행인 점은 문제가 심플해서 해결 역시 단순하게 할 수 있다는 점이다.

참 다양한 상황에서도 우리를 일정하게 방해하는 요소가 있다. 바로 미디어다. 우리는 유튜브와 넷플릭스, 웹툰 등 너무도 많은 미디어의 위험에 노출되어 있다. 특히 잠자리에 들기 전에 핸드폰을 손에 쥐는 행위는 당신의 삶을 갉아먹는 최고의 방법이다. 잠자리에 누워 미디어를 시청함으로 삶이 개선되고 변화되어 목표를 달성해 본 경험은 아마 없을 것이다.

왜 미디어에 빠져들까? 아마 모두가 동의하겠지만, 대부분 킬링타임 때문이다. 오죽하면 킬링타임용 영화만 추천하는 유튜버들이 그렇게 많을까? 이 문제는 생각보다 심플하게 해결할 수 있다. 우리 스텝이 시간관리 커뮤니티를 운영하며 시행했던 방법이다. 매우 효과적으로 보여 소개해 본다. 핸드폰 충전기를 신발장 위에 두고 집에 들어오자마자 핸드폰을 충전시키는 방법이다. **집에 들어오면서 핸드폰과 결별하고, 아날로그형으로 삶을 전환해 보라.** 퇴근이 너무 일러서 현실적으로 불가능하다면 침실과 최대한 먼 곳에 충전기를 설치하고, 충전시키는 시간을 정해서 시간에 맞추어 핸드폰을 갖다 놓아라. 핵심은 내 손이 닿지 않는 곳에 두는 것이다. 시간을 정하고, 그 이후 시간에는 연락도 하지 말자. 카톡을 안 하면 큰일 날 것 같은가? 10시 이후엔 카톡을 보지 않는다고 프로필에 박아두자. 처음에야 10시가 넘어서도 연락을 하겠지만, 계속 일관되게 무시당하면, 당신이 깨어 있을 때 연락하게 된다.

나는 매일 오후 10시마다 30분에서 한 시간 정도, 아날로그로 성경을 읽고 잠자리에 든다. 방송이 있거나 중요한 미팅이 늦어지는 경우에는 빼먹는 날도 있지만, 나의 하루를 마무리하는 루틴은 이렇게 자리 잡았다. 정말 중요한 요소를 아날로그로 하루 시작과 마무리 때에 배치해라. 당신의 삶이 구조적으로 바뀔 것이다.

피드백을 했다면 반드시 나와야 할 것

시간을 피드백 하면서 반드시 해야 할 일이 있다. 바로 다음 주간, 다음 달에 적용할 포인트를 찾아내는 작업이다. 시간을 분류하며 열심히 분석하고 나면, 무언가 흐뭇하다. 열심히 산 것 같아 괜히 뿌듯하고, 내 삶에 의미 있는 인사이트를 찾은 듯한 쾌감을 느끼기도 한다.

그런데, 문제는 느낌에서 그친다는 데에 있다. **분석했다면 반드시 적용점을 도출해 내야 한다.** 분석과 적용이 연결되지 않으면, 시간은 결국 흘러가 버린다. 적용점이 무엇일까? 아주 심플하다. 분석 후 다음 주간 시간배치표(주간 시간계획표)를 바로 만들어보는 것이다. 그러고 나서는 배치표를 기준으로 미리 시간을 분류해 보아야 한다. 시간 분류까지 마치면, 다음 주가 이번 주와 어떻게 다를지 비교할 수 있고, 배치표를 망가뜨릴 방해자를 떠올려 필요한 조치를 미리 취할 수 있게 된다. 대비하지 않으면, 공들여 작성한 시간배치표는 반드시 무너지고 만다.

10년 넘게 시간을 피드백하면서, 나는 나만의 시간 배치 기준을 갖게 되었다. 시간 배치가 우선이다. 피드백은 시간 배치가 잘 되었는지 확인하는 작업에 불과하다. 피드백을 하지 않으면 시간관리에 실패할 수밖에 없다. 피드백을 열심히 하더라도 배치에 실패하면 결론적으로 시간관리의 열매를 맺을 수 없다. 영적, 지적, 사회적, 신체적, 잠, 기타 시간으로 분류하고 피드백을 시작해 보길 추천한다.

시간관리의 적용은 '시간을 어떻게 배치할 것인가?'라는 방법론으로 귀결된다. 이때 막연하게 '이런 시간을 써야지'라고 생각하면 시간을 그저 흘려보낼 가능성이 높다. 시간을 흘려보내고 싶지 않은가? 나의 노하우를 공유해 본다. 나는 나 혼자서 시간을 보내기보다 꼭 다른 사람과 시간 약속을 한다. 예를 들어, 독서에 시간을 배치했다면 구독자들과 독서와 관련된 약속을 한다. 커뮤니티에 '책 읽어주는 남자' 스트리밍 일정을 공지해 버리는 것이다. 이 시간을 정기적으로 잡아두면, 나는 어쩔 수 없이 구독자들과의 약속 때문에라도 책을 읽게 된다. 구독자들이 내 채널에서 가장 좋아하는 최장수 스트리밍 시리즈가 바로 '책 읽어주는 남자' 스트리밍인데, 나의 주요 콘텐츠이기도 하지만 나의 자기계발 전략이기도 하다.

적용점을 찾는다는 것은, 이전에 하지 않았던 새로운 액션을 찾는 것이다. 물론 그 액션이 효과적인지 경험해 보아야 한다. 시간을 피드백할 때 시간 배치 전략을 구체적인 행위로 세워 보자. 반복하며 구체적인 행동을 찾을 때, 새로운 아이디어와 나만의 패턴이 생길 것이다. 적용점 없는 피드백은 의미가 퇴색되어 시간을 흘려보내게 만든다는 점을 잊지 말자!

낭비제거가 언제나 최우선 과제다

시간기록표를 보면서 가장 마음이 답답한 때는 분류하기 어려운 시간들 즉, 색칠하기 어려운 시간들이 기록되어 있을 때이다. 분명히 시간은 보냈는데, 왜 시간을 보냈는지 불분명하다. 특별한 목적이나 목표 없이 그저 시간을 흘려보냈구나 싶어 마음이 쓰리고 안타까울 때가 있다. 두 번째로 답답한 경우는, 분명히 분류는 되는데 아무런 이득이 없는 시간이다.

예를 들어 일주일 동안 협업 부서와 10시간 넘게 미팅 시간을 가졌는데, 최종적으로 서로의 입장 차이만 확인하고 아무런 일도 추진되지 않았다면 그처럼 답답하고 쓸데없는 시간이 없다. 이런 시간을 낭비 시간이라고 한다. 특정한 목적과 목표가 없는 시간 혹은 무언가에 도전은 했지만, 아무것도 얻지 못한 시간. 날아가 버린 시간이다.

가장 큰 효율을 내는 시간관리 방법은 낭비 시간을 제거하는 것이다. 시간기록표를 보고 낭비라고 여겨지는 시간을 어떻게든 제거해 보자. 종종 낭비 시간을 잘못 정의하는 경우가 있다. 낭비 시간이 '삶이 빡빡하지 않게 만드는 일종의 범퍼'라는 오해이다. 이는 완전히 잘못된 생각이다. 차라리 휴식을 취하거나 멍을 때리는 시간으로 낭비 시간을 계획해 보라.

아무런 목표 없이 그냥 지나가 버린 시간만큼 무의미한 시간도 없다. 내 말에 거부감이 들 수 있다. 목표를 달성하며 사는 사람이 생각보다 많지 않기 때문이다. 그러나 우리는 더 나은 삶, 더 여유롭고 풍성한 삶을 지향한다. 현재가 어떻든 이전과는 다른 삶을 살고 싶은 분들에게 한 달만이라도 내가 제시한 시간관리 방법을 따라 해보길 권해본다. 일단 한 달을 하고 나서 지속 여부를 결정해도 늦지 않다. 일단 피드백을 시작해 보면, 성향과 기질을 떠나 생산성을 놓고 고민하는 자신의 모습을 보게 될 것이다. 시간관리는 감정적이거나 기질적인 게 아니다.

내가 시간관리를 하면서, 낭비 시간에 대한 잘못된 인식 때문에 시간을 많이 허비한 경우가 있다. 쓸데없이 업무의 퀄리티에 집착하는 경우이다. 나는 기본적으로 퀄리티보다는 속도와 방향성을 중요하게 생각하는 사람인데도 종종 퀄리티에 편향되곤 했다. 엑셀로 분석하다 보면, 표의 칸과 음영 색을 더 통일감 있게 만들고 싶어진다. 보고서를 작성하다 보면, 그림의 형태와 색, 화살표를 더 예쁘게 만들고 싶어진다. 지금은 유튜브 영상을 만들면서, 자막 하나와 컷편집 하나, 영상효과를 하나라도 더 넣고 싶어져서 엄청나게 많은 시간을 사용한다. 그런 시간을 사용했을 때와 사용하지 않았을 때, 최종 결과물에 큰 차이가 날까? 그럴 때도 있겠지만, 전혀 그렇지 않은 경우가 더 많다. 나는 지금도 유튜브를 만들 때, 테스트 버전 영상을 만든다. 영상 내용에는 심혈을 기울이되, 편집을 어디까지 해야 할지 고객에게 확인하는 과정이다. 그 후에 편집에 에너지를 얼마큼까지 사용할지를 결정한다.

업무시간뿐 아니라 개인 시간에도 욕심 때문에 시간을 낭비한 경우가 많다. 집을 치울 때, 간단히 정리 정돈만 해도 집이 깨끗해지는 경우가 있고, 구석구석 대청소를 해야 할 때도 있다. 정리 정돈만 할 때에는 간단히 정리 정돈만 하면 되는데, 청소를 하다 보면 나도 모르게 욕심이 생겨서 완전히 집안을 들었다 놓을 때가 있다. 이것은 또 다른 차원의 낭비 시간이다. 불필요한 에너지를 투입하기 때문이다.

'가성비'라는 단어가 MZ 세대를 잘 표현해 주는 단어인데, 시간관리에서도 가성비가 필요하다. 당신의 시간표를 들여다보고, 불필요하게 에너지를 사용한 시간은 없는지 점검해 보라. 정신 차리지 않으면 눈 깜짝할 사이에 낭비 시간이 내 시간기록표를 가득 채울 수 있다.

이런 류의 낭비 시간을 어떻게 제거할까? 어떤 활동이나 일을 할 때, 목표 수준을 먼저 결정하고, 대략적으로 사용될 시간을 예상해 보면 된다. 물론, 그것은 어디까지나 예상일뿐 막상 그 시간을 보내는 과정에서 변경되거나 더 많은 에너지가 들 수도 있다. 하지만 아무런 예상이나 목표 수준 없이 그냥 흘려보내는 것과는 다르다. 이 방식 역시 훈련을 통해서 생각보다 빨리 습관으로 길들일 수 있다.

또 다른 낭비 시간은 목표를 달성하지 못한 시간이다. 이것은 다소 높은 차원의 수준을 요구한다. 이 시간은 진짜로 시간이 낭비되었기 때문에 낭비 시간으로 규정하는 게 아니다. 다만 동일한 실수를 반복하지 않기 위해 교훈을 얻는 시간이라는 이유로 낭비 시간이라 규정한다. 하지만, 안타깝게도 위와 같은 설명 없이 목표를 달성하지 못한 시간은 낭비 시간으로 추락하기에 이미 충분하다.

나는 10여 년간 인사책임자로 재직하면서 무수히 많은 사람들을 채용해 보았다. 특별히 여러 산업군을 경험하면서, 업계가 탐내는 소위 '클래스가 다른' 분들과 많이 협상해 보았다. 호텔사업부 인사팀장을 할 때 우리 회사의 호텔 수준을 한 번에 끌어올릴 최고 레벨의 인재영입을 시도한 적이 있다. 누구나 말하면 알 만한 글로벌 호텔 체인의 아시아 법인장이었고, 현직 총 지배인이었다. 정말 말도 안 되는 우연한 기회에 만나게 되었고, 수차례 연락을 주고받으며 영입을 위한 물밑작업에 심혈을 기울였다. 약 6개월간에 걸친 대장정이었다.

나는 이전에 영입해 본 적 없는 초대형 스카우트를 준비하는데 많은 기획을 했고, 당사자와도 여러 소통을 하면서 긍정적인 배경을 만들어 가고 있었다. 그런데 안타깝게도, 내부적으로 사업 기획이 구체화되지 못하며 결국 인재 영입이 무산되었다. 내 의도가 아무리 선하고 좋았더라도, 결과적으로 목표를 달성하지 못했다면, 그 시간은 낭비 시간이다. 그래서 과정에 대한 기획을 꼼꼼히 해야 한다. 무엇보다 목표 달성에 실패했을 때, 같은 문제가 재발되지 않으려면 시간을 어떻게 사용할지 기획하는 과정을 중요하게 다루어야 한다.

인재영입에 실패한 후, 나는 바로 다음 인재영입을 시도해야만 했다. 당시 우리 사업은 새로운 차원으로 올라서야 하는 상황이었다. 실패에 대한 안타까움과 답답함은 또 다른 도전으로 없애버려야만 했다. 여러 인사적인 프로젝트를 시도하여 당시 자타가 공인하는 현직 최고 수준의 인재, 우리나라 최고 호텔의 총 지배인을 영입하는데 결국 성공했고, 그분의 영입을 통해 그간 경험해 보지 못했던 호텔을 만들 수 있었다. 처음에는 실패했지만, 실패를 발판 삼아 미리 내부 사업기획에 더 많은 에너지를 사용하고 사업을 구체화하여 맺은 성공이었다. 당시에 나의 채용 실적은 지금까지도 회자되는 놀라운 성과였고, 이 영입 또한 6개월 가까이 공들인 결과였다. 결국 나는 한 사람의 해결사를 채용하기 위해 1년에 가까운 시간을 사용한 것이다.

우리의 인생에 얼마나 많은 낭비 시간이 자리 잡고 있었을까? 나는 끊임없이 낭비 시간을 진단한다. 내가 성공하고자 노력했던 시간들이 정작 내 인생을 망칠 수도 있기 때문이다. 돈 벌자고 주식에 시간을 매진하면, 돈은 조금 벌지 몰라도 더 큰 것을 잃을 수 있다. 누군가를 돕겠다고 사용한 시간이 서로의 관계를 망치는 경우도 있고, 도움을 받고자 수강한 교육이 사실은 내 관점을 더 망가뜨릴 수도 있다.

나는 지금 사람에만 집중하려고 한다. 내가 해야 할 사업은 결국 사람을 키우는 일이라는 뜻이다. 나 역시 CEO이고 기질적으로 아이디어 액션형이기 때문에 계속 확장하고 도전하는 게 자연스럽다. 그런데, 이 과정에서 사람이 남지 않는다면, 내 시간은 모두 낭비 시간이 되고 만다. 결국 사람이 남아야 하고, 사람을 키우고 탁월한 청년들을 영향력 있는 리더십으로 만드는 데에 공헌하는 게 나와 우리 회사의 존재 이유다.

목표를 달성하기 위해서는 첫째로, 나와 함께 일하는 직원들이 나보다 탁월한 인재로 성장해야 하고, 우리와 함께하는 수많은 고객들이 탁월한 리더십으로 성장해야 한다. 그래서 우리는 매달, 매분기마다 얼마나 성장했는지를 진단하려고 노력한다. '도전하는 사람들이 얼마나 많이 늘었는가? 의미 있는 도전에 성공하는 사람들이 얼마나 늘었고 그들의 스토리는 무엇인가?' 앞으로도 다양한 성장 스토리들을 발굴해서 더 많은 이들에게 영감을 주도록 노력하고자 한다.

이 명확한 초점은 더 많은 수익 혹은 사업 확장에 기웃거리는 나의 시간을 제한해 준다. '사업을 키우기보다, 사람에 집중한다.' 나에게는 이것만이 올바른 시간 사용법이다. 이 책의 첫 파트에서 던졌던 질문을 다시 한번 묻고 싶다. **여러분의 인생 목적은 무엇인가? 어떤 시간을 우선순위라 답할 수 있는가?**

Chapter 13

시간관리를 그만하고 싶다면

중요한 것으로 먼저 채워버리자 (우선순위 배치기술)

시간을 관리하다 보면 삶이 피곤해질 수 있다. 관리하기 전에는 대수롭지 않게 넘겼던 시간들이 신경 쓰이기 시작하고, 본 계획에서 한 시간이라도 어긋날 때면 계획이 틀어진 것 같은 스트레스를 받기 때문이다. 하지만 시간관리에 능숙해지면 피로감을 느끼지 않고도 짜임새 있게 시간을 관리할 수 있게 된다. 시간관리의 능숙함을 3레벨로 나누어 보았다.

1. 학습화 단계

시간을 기록하고 분류하는 작업을 빠짐없이 반복하는 단계이다. 이 책을 읽거나 내 유튜브 채널을 보고 무언가 자극을 받아서 시간을 기록하기 시작하는 단계다. 이 단계에서는 즐거운 경우가 꽤 많다. 시간을 기록하는 행위만으로도 굉장히 많은 정보들을 얻을 수 있기 때문이다. 이전에 몰랐던 시간들을 발견하게 되고, 낭비의 요소들을 반성하면서 무언가 바꾸어야겠다고 다짐하게 된다. 이 단계에서는 시간관리가 즐겁고, 새로운 배움과 적용, 자극을 통한 도전이 일어난다. 다르게 표현하면, 관점이 확장되는 시기이다. 학습화 단계를 너무 짧게 보내지 밀기를 바란다. 이 시간이 길어질수록 쉽게 습관화 단계로 넘어갈 수 있기 때문이다. 내 경험상 학습화 단계를 3개월 동안 지속하지 못하면, 습관화 단계로 넘어가지 못하고 소멸되는 경우가 잦았다.

2. 습관화 단계

학습화 단계를 어느 정도 지속하면, 습관화 단계로 넘어가게 된다. 습관화의 상태는 시간관리를 안 하면 어딘가 굉장히 불편해지는 상태이다. 그리고 집중해야 할 시간과 상대적으로 덜 집중해도 되는 시간이 이 극명하게 나뉘는 시기이다. 운전으로 비유하면 아주 쉽게 이해된다. 처음 운전을 배울 때에는 운전에 심혈을 기울인다. 브레이크를 밟는 행위나 신호를 보는 것, 주변 차들과의 속도 차이와 도로의 흐름을 고려하는 것, 방향지시등을 켜고 움직이는 등 사소한 행동에도 순서를 따지면서 머리로 생각하고 행동한다. 어느 정도 운전이 익숙해지면, 어떻게 운전해서 도착했는지 기억조차 안 나는 경우가 많다. 거의 반사적으로 운전하기 때문이다. 앞 차량이 서면 나도 서고, 차선을 바꿀 때 주변에 차가 없으면 방향지시등을 생략하기도 하고 신호에 대한 감도 생겨서 속도를 자연스럽게 조절하는 상태이다. 이와 같이 숙달된 단계가 바로 습관화 단계이다. 학습화가 완료되어서 자연스럽게 시간을 기록하고, 피드백을 하지 않으면 무언가 굉장히 불편해지는 그런 상태이다.

이때부터 시간에 대한 기획을 중요하게 생각한다. 기획하지 않으면, 흘러가는 시간을 확인하면서 스트레스만 받고 정작 바뀌는 건 아무것도 없기 때문이다. 이런 스트레스는 매우 건강하다. 반대로 스트레스를 받으면서도 실제 삶을 바꾸지 않고 낭비되는 시간을 확인하는 것만으로도 만족하는 경우가 있다. 어떻게든 문제를 해결하는 쪽으로 에너지를 사용해야 하는데, 사용하지 않는 정체된 상태이다. 정체 상태에 빠지지 않기 위해서는 우선순위 시간을 충분히 사용할 수 있도록 집중시간을 배치하고, 낭비 시간을 제거하기 위한 노력들을 여러 형태로 시도해 보아야 한다. 습관화 단계에서는 시간을 기록하고 분류하는 데에 새로움을 느끼지 못한다. 하지만, 내 시간들이 데이터로 보이고, 나름의 성공/실패 패턴들을 도출해낼 수 있다. 이제는 분석보다 인사이트를 발견하는 단계로 넘어가야 습관을 지속할 수 있다. 우리의 삶은 들여다볼수록 배울 게 많다. 나는 주간 시간의 20%를 한 가지 과제에 집중하면 무조건 성과가 난다는 사실을 10여 년간 시간분류를 하며 깨달을 수 있었다. 목표를 잘 설정하기만 하면, 언제나 생산적인 삶을 살 수 있다는 뜻이다.

내 경험상 이 단계가 완전히 익숙해지려면 최소 1년, 많게는 3년 정도 소요된다. 많이 기록해보고 분석해보면서, 나만의 기준과 편안한 패턴을 찾아보길 바란다.

3. 자동화 단계

습관화 단계까지는 변화가 많다. 나만의 기준이나 성공/실패 패턴이 아직 명확하지 않기 때문이다. 새로운 방법과 새로운 패턴을 찾기 위한 환경을 찾아 나설 수밖에 없다. 그런데 나만의 패턴을 찾는 과정이 반복되면, 자연스럽게 자동화 단계로 넘어가게 된다. 자동화 단계는 시간관리가 필요 없는 단계다. 이미 시간 배치가 모두 완료되어 있고, '어떻게 하면 시간을 더 의미 있게 보낼 수 있을까?'하는 질문만 남는다. 나는 이것을 '고정화 시간 배치'라고 명명하고 싶다. 드러커가 제시한 가장 강력한 시간관리 방법이고, 최고 레벨의 시간관리 방법이다. 예를 들자면, 매주 월요일은 무엇을 하는 날인지, 매월 첫 주는 어떤 시간, 매년 1분기는 어떤 시간이 될지를 미리 정해놓는 것이다. 시간을 미리 정해놓는 것은 난이도가 굉장히 높지만, 습관화 단계를 거치면서 의미 있는 시간만 가려낸다면 충분히 가능한 방법이다.

이 단계에 들어서면, 더 이상 시간 기록과 분류를 촘촘히 할 필요가 없을 수도 있다. 바쁘거나 우선순위가 갑자기 바뀔 때에는 시간관리를 건

너뛸 수도 있다. 하지만, 이내 다시 돌아오게 된다. 이미 습관화 단계를 거쳤기 때문이다. 지금의 나는 자동화 단계에 있기 때문에, 내 시간은 거의 정해져 있다. 가끔 약속된 외부 일정을 제외하면, 한 주간의 시간 플랜에는 거의 변동이 없다. 이미 시간표는 2~3시간 단위의 집중시간으로 구성되어 있고, 짧게 여러 일을 해야 할 시간도 정해져 있다. 자기계발 시간과 가족과의 시간, 운동 및 취침 시간 또한 거의 일정할 뿐 아니라, 가끔 패턴이 무너질 때에는 매우 피곤함을 느낀다. 결국 내 몸이 안다는 것이다.

이렇게 3단계를 거치고 나면, 결국 '무엇을 먼저 할 것인가?'라는 우선순위 문제와 '집중시간을 어떻게 사용할 것인가?' 하는 배치의 문제만 남는다. 신경 쓰지 않아도 자동으로 시간이 관리되는 비결은 우선순위를 먼저 배치하는 기술이다. 시간관리는 하루 24시간 안에서 무엇을 할지 결정하는 선택의 문제다. 중요한 것을 먼저 할 수 있도록 집중시간을 배치하자.

우선순위에서 밀려난 일들은 어떻게 할까? 시간을 잘 관리해서 후순위의 일들까지 완벽히 끝낼 수도 있겠지만, 결국 아무것도 얻지 못하고 자괴감에 빠질 가능성이 높다. 더 많은 일을 하기 위해서 시간을 관리하는 게 아니다. 더 여유 있는 삶을 위해서 시간을 관리하는 것이다. 우리는 기계가 아니다. 기계도 과부하에 걸리면 고장 나고 망가진다. 중요한 것을 먼저 배치하라! 이 단순한 원칙만 지킨다면 여유 있으면서도 의미 있는 시간을 보낼 수 있을 것이다. 몰입하고 큰 성과를 거두는 그런 시간 말이다.

정해진 시간에 정해진 것만 한다 (고정화)

시간을 관리하지 않아도 시간이 관리되는 방법이 있다. 유일한 방법인데, 바로 관리할 필요가 없도록 만들어 놓는 것이다. 나는 주간 표준 스케줄표를 운영하면서, 고정화의 놀라운 위력을 경험하고 있다. 많은 이들에게 주간 표준 스케줄표를 만들어 보라고 제안하면, 예측이 불가능하다거나, 어차피 바뀐다거나, 그만한 자율성이 없다고 난색을 표한다. 시간을 기록하고 분류해본 사람이라면, 이 말이 틀리다는 사실을 분명히 알고 있을 것이다.

우리의 삶은 생각보다 매우 규칙적이다. 생각보다 뻔하다. 우리 스스로 구체적인 목표와 전략을 부여하기 전에는 말이다. 내가 10여 년간 시간 기록/분류를 하면서 깨닫게 된 사실은, 생각보다 규칙적인 시간을 보낸다는 것이었다. 아무리 발버둥 쳐도 나는 하루에 31% 정도를 잠자리에서 보냈고, 약 29% 정도의 시간을 회사에서 보냈다. 회사를 옮기지 않는 한 출퇴근을 포함하여 이동시간만으로 4.6%의 시간을 사용했다. 식사시간도 5%나 되는 시간을 사용했는데, 이 시간은 정말 어쩔 수 없이 반복되는 시간이었다.

이제는 현실을 직시해야 한다. 내가 아무리 많은 것을 하고 싶어도 모두 다 할 수 없고, 아무리 건너뛰고 싶어도 건너뛸 수 없는 시간이 있다. 나는 Focus Board를 통해서 꼭 남겨야 하는 시간을 분류하여, 다른 시간이 채워지기 전에 먼저 배치했다. 그렇게 정한 시간에는 정해진 과제만 했다. 이것은 매우 심플하고 강력한 원칙이다. 나의 표준 스케줄 표는 이렇게 만들어졌다.

매우 희귀하긴 하지만, 정말 예측이 어려운 경우도 있을 수 있다. 설령 예측이 어려운 상황이라 하더라도 표준 스케줄 표는 매우 중요하다. 기준점이 되어줄 만한 표가 있어야, 분류 후에 어떤 계획이 잘못되었는지 피드백할 수 있기 때문이다. 어설프더라도 계획을 만들어 가보자. 우리에게 1주일은 총 168시간이다. 1시간을 1칸으로 잡고, 아무리 계

주간 표준 스케줄표 예시

월	화	수	목	금	토
기도	기도	기도	기도	기도	기도
QT	QT	QT	QT	QT	QT
전체 미팅	사업부별 미팅	신규사업 미팅	컨텐츠 개발	데이터 기획	강의
파트장 미팅				컨텐츠 기획	가족
점심	점심	점심	점심	점심	
OKR 미팅	촬영	데이터 미팅	촬영	개인시간	
		촬영			개인일정
촬영	가족	가족	가족		
가족					
	운동	운동	운동		
				가족	가족
기도회	가족	가족	가족		
				예배	
	스트리밍	스트리밍	스트리밍		개인일정

획이 틀어져도 168칸이 모두 틀어질 수는 없다. 수면시간이 아무리 짧아도 30%를 차지하지 않을까? 30%의 수면시간을 빼면 118시간이 남는다. 이런 식으로 어쩔 수 없이 사용하는 시간을 빼고 나면 우리가 관리할 수 있는 시간이 그리 많지 않음을 알 수 있다. 그렇다면, 나만의 고정화 시간표를 만들기 위해서는 어떻게 해야 할까?

Step 1. 하루를 크게 5개 이내로 나누자

고정화의 첫 시작은 시간을 덩어리로 묶는 것이다. 시간을 덩어리로 묶지 않으면 스케줄 표가 위력을 발휘하기 힘들다. 덩어리 시간은 최소 2시간, 최대 4시간을 연속해서 사용하는 시간을 말한다. 우리에게 가장 익숙한 시간이 식사시간이니, 식사를 기준으로 새벽, 오전1, 오전 2, 오후1, 오후 2, 저녁, 밤시간으로 구분한다. 하루에 7타임, 일주일에 총 49타임블록이 나온다. 주말이나 휴일에는 시간을 더 분류하여 사용할 수 있겠지만, 어느 정도의 휴식과 늦잠도 취해야 하기 때문에 여유 있게 49타임으로 편성해 보자.

Step 2. 내가 통제할 수 없는 시간을 먼저 채워 넣자

사회생활의 연륜이나, 직위와 직책, 업무에 따라서 스스로 절대 통제할 수 없는 시간이 존재한다. 내가 창업을 결심한 이유 중 하나가 모든 시간을 스스로 통제하고자 함이었다. 물론 회사생활 중에도 대부분의

(예시) Step 1 - 일주일을 49타임으로 편성하기

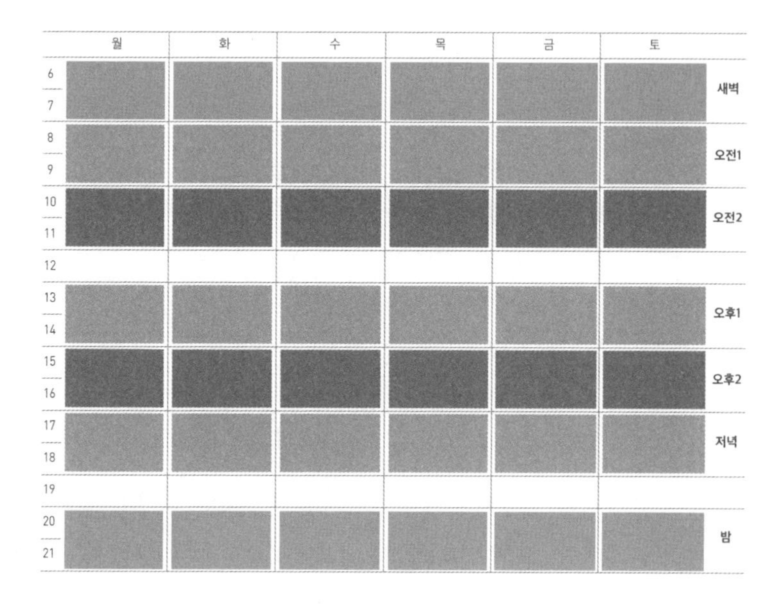

시간을 통제할 수 없던 건 아니었다. 시간을 조율할 수 있는 부분이 많았다. 또한 사업을 하는 지금 통제할 수 없는 시간이 분명히 존재한다. 주간 회의나 주요 모임, 보고 시간과 같은 절대 피할 수 없는 시간을 스케줄 표에 먼저 채워 넣는다.

Step 3. 남은 칸을 포커스 보드 우선순위로 채우자

우리는 포커스 보드를 통해서 우선순위를 판단했다. 이제 결과 값을 시간표에 배치할 시간이다. 중요도와 긴급도가 모두 높은 1분면, 중요하지만 긴급하지는 않은 2분면, 중요하지 않지만, 긴급한 3분면

(예시) Step 2 - 통제할 수 없는 시간 채우기

	월	화	수	목	금	토	
6							새벽
7							
8	주간 회의		프로젝트 미팅		팀 미팅		오전1
9							
10							오전2
11							
12							
13	프로젝트 미팅			팀장님 보고			오후1
14							
15							오후2
16							
17					CFR		저녁
18							
19							
20						트래커스 모임	밤
21							

을 차례로 배치한다. 여기서 중요한 것은 비율이다. 1분면을 남은 시간의 50% 이상으로, 2분면을 20%로 우선배치하고, 나머지를 3분면으로 채워보라. 10% 정도는 여유로 비워두어도 좋다. 예를 들어 통제 불가능 시간을 제외하고 남은 칸이 30칸이라면 15칸은 1분면 활동으로, 나머지 6칸은 2분면 활동으로 미리 확정 지어두는 것이다. 우리의 관성대로 놔두면 아마 거꾸로 시간을 쓸 것이다. 3분면에 80%의 시간을 사용하고, 나머지 20%에는 쉬거나 의미 없는 시간으로 허송세월할 확률이 높다. 의식적으로 관성을 거슬러 나가야 한다.

시간을 배치하다 보면 간혹 포커스 보드를 다시 보아야 할 경우가

(예시) Step 3 - 우선순위 중심으로 나머지 칸 채우기

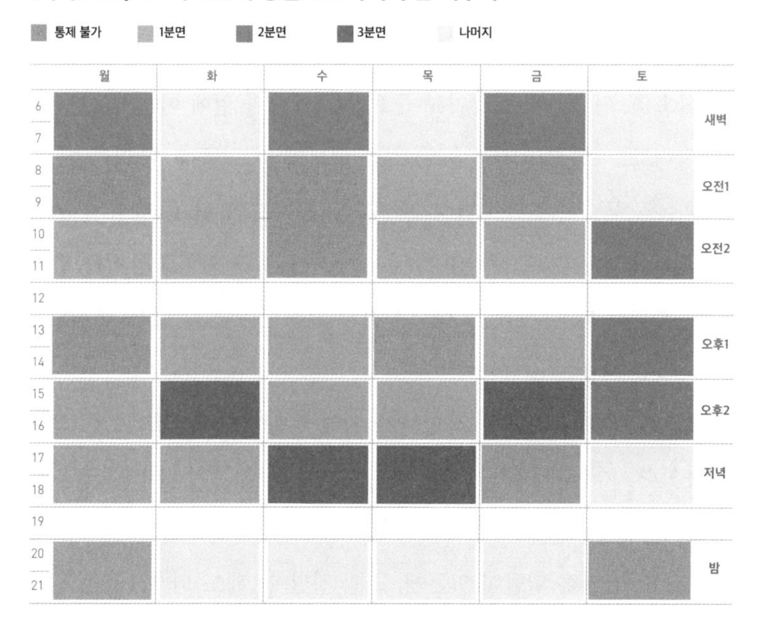

생긴다. 중요도와 긴급도를 잘못 분류했다든지, 막상 분류하고 보니 3분면에 위치한 할 일이 너무 많아서 어쩔 수 없었다든지 하는 예외 상황이 발생하기 마련이다. 만약 3분면으로 인해서 모든 계획이 어그러지고 있다면, 분명 3분면의 시간을 잘못 파악한 것이다. 이런 경우는 너무나 비일비재하기 때문에 당황하지 말고 긴 호흡으로 주말에 피드백하면 된다. 계속 바꿔나가고 나에게 맞춰나가는 것이 목표이지, 고칠 필요 없는 완벽한 시간표를 완성하는 게 목표가 아니라는 점을 기억하자.

자동화를 위해 필요한 것 (용기)

지금까지 우리는 기록, 목표설정, 피드백의 과정을 거쳤다. 사실 이쯤 왔으면, 완벽하지는 않아도 중요한 스케줄과 일에 어느 정도 윤곽이 잡히고, 자동화의 걸음을 한 걸음 뗐다고 봐도 좋다. 우리는 이 프로세스를 꾸준히 반복하면서 완성도를 높여가면 된다. 예상치 못한 시간을 예상해 내고, 생산성이 낮은 시간에는 생산성을 높이는 활동들을 하면서 더 여유 있는 삶, 더 적게 일하면서도 더 많은 성과물을 내는 그런 삶에 도전하는 것이다.

그런데 마지막 퍼즐을 완성하기 위해 정말 중요한 포인트가 하나 남아있다. 자동화 시간관리를 하다 보면, 문득 두려움이 우리를 엄습한다. '이렇게 단순하게 살면 정말 좋지만, 정말 이렇게만 하면 될까? 해야 할 많은 일들이 있는데, 그건 정말 안 해도 되나?' 하는 두려움 말이다. 더 중요한 것을 놓치지는 않았는지, 더 많이 노력해야 하지 않을지 문득문득 걱정하게 된다. 걱정 앞에서, 우리는 초연해져야 한다. 우선순위가 아닌 것들을 과감하게 분류하고, 제거해야 한다. 이때 필요한 덕목이 바로 '용기'이다. 포기할 수 있는 용기. 이것이 최선의 선택이라 말할 수 있는 확신에 찬 용기. 용기가 있어야만 현재에 충실할 수 있고, 최선을 다할 수 있다. 포기하지 않으면 더 얻을 수도 없다. '혹여나' 하는 마음으로 후순위의 일에 질척이는 생각을 접어두자. 다시 말하지만, 훈련이 필요한 과정이다. 기획은 이미 배치 단계에서 충분히 고민했다. 미처 고려하지 못한 점을 찾아내려는 어리석은 짓을 하지 말자. 우리가 했던 많은 일들을 되돌아보면 생각보다 의미 없고 성과를 내지 못했던 경우가 많다. 안 한다고 해도 큰 문제가 없으니, 너무 걱정하지 말자.

나에게도 중단하는 용기가 필요한 활동들이 있었다. 대표적인 시간이 정기적으로 참여하던 직무 교육 세션, 친구들과의 정기 모임, 내가 무척이나 좋아하는 축구 동호회 모임이었다. 그중에서도 직무교육 세션을 잘라내는 것은 인사 전문가로서 직무 전문성을 포기하는 것처럼 느껴졌다. 그런데 시간을 분석해 보니 아무리 직무교육에 참여해도, 성과가 전혀 바뀌지 않는다는 사실을 알 수 있었다.

원인을 따져보니, 직무교육의 커리큘럼이 내 업무와 당장 상관없다는 사실을 파악할 수 있었다. 언제 사용하게 될지 모르는 알 수 없는 인사제도, 기획 템플릿, 업계 네트워크는 시간이 지날수록 나에게 후순위로 밀려났다. 차라리 스스로 업무에 필요한 내용만 찾아서 학습하는 게 훨씬 낫겠다는 생각이 들었다. 전문성과 거리가 멀어지는 것 같았지만, 지나고 보니 교육을 더 빨리 끊고, 그 시간에 프로젝트를 더 준비하는 게 나았다. 지금 나의 인사적 전문성 중에는 책이나 강의실에서 배운 내용이 아무것도 없다. 대부분 실전에서 쌓아온 경험만이 나의 전문성을 대변해 준다.

오랜 친구들과의 모임은 외톨이가 되지 않기 위한 발버둥이었다. '은퇴 후에는 친구들과 함께 살아야 하지 않을까?'하는 불안감 때문이었다. 그런데 황금 같은 주말 시간을 쪼개서 친구들과 만나고 나면 어딘가 허전했다.

내가 술을 마시지 않아서 친구들과 어울리지 못했을까? 잠시 고민했지만, 그렇지 않았다. 진정한 친구를 사귀기 위해서는 함께 시간을 보내는 것보다 더 중요한 전제조건이 있음을 깨달았다. 서로 위로하고 도움을 주는 건설적인 친구 관계를 맺기 위해서는 라이프스타일이 같아야 함을 말이다. 생각하는 방향성이 같고, 고민과 지식의 수준이 비슷하고, 서로의 경험에 대해 허심탄회하게 조언해 줄 수 있는 신뢰감 말이다. 방향성이 다른데 어떻게 서로에게 조언해 줄 수 있겠나? 말싸움만 시작될 뿐이다. 고민의 깊이가 다르면 한 친구가 다른 친구를 일방적으로 가르치게 된다. 물론 그 나름대로 의미는 있겠으나, 누군가를 케어하기 위할 때나 그렇다. 친구를 케어하는 게 친구들을 만나는 목적은 아니었다. 그래서 그때부터 의무적으로 나가던 친구들과의 모임을 전부 끊어버렸다. 나는 지금 교회와 회사에서 새로운 친구들과 깊은 관계를 맺고 있고, 진정한 의미의 친구라는 본질을 회복했다고 확신한다.

축구동호회는 나에게 운동보다 더 큰 의미였다. 매주 주말마다 참여했던 축구 모임은 유일한 고강도 운동코스였을 뿐 아니라, 지역기반의 여러 형님들을 맺어준 인맥의 장이었다. 신혼 때부터 10년간 축구모임에 나갔으니 꽤나 긴 인연이다. 그런데 축구모임에서 크게 다친 적이 있었다. 생각해 보니 내가 병원 신세를 졌던 대부분이 축구때문이었다. 경기를 거칠게 했거나 워밍업이 충분히 되지 않은 상태에서 과격하게 운동하면서 다치는 경우가 종종 있었다. 골절, 인대파열 같은 부상 말이다.

이럴 때면 병원에 2-3주간 신세를 지게 된다. 나는 병원에 있는 시간이 너무너무 아까웠다. 다치고 나면 재활운동을 해야 하고, 후속 치료를 위해 병원에 통원해야 한다. 이 시간을 기록하고 분류하는 답답함은 정말 이루 말할 수 없다. 결국 나는 운동방법을 바꿨다. 부상위험이 적고, 운동효과를 더욱 극대화할 수 있는 자전거 라이딩, 러닝, 홈트레이닝의 형태로 말이다. 단순히 부상에 대한 위험만 회피하는 게 아니다. 당시 주말만 되면 축구모임에 나오라는 형님들의 독촉이 엄청나게 거세었고, 운동을 마치고 갖는 회식에 불참하면 핀잔을 듣기 일쑤였다. 나에게는 이 시간이 모두 낭비 시간이었다. 누군가는 너무 비인간적이라고 생각할지도 모르겠다. 그러나 시간관리는 철저하게 내 삶을 돌아보는 행위이다. 나의 방향성과 맞지 않다면 과감하게 제거해야 하고, 포기해야만 진정한 여유와 삶의 방향성을 찾을 수 있게 된다.

너무 두려워하지 말자. 포기해야 더 큰 것을 얻게 된다.

피드백을 '제대로' 하는 방법

- 위대한 업적을 남기는 위인은 예외 없이 피드백에 능숙하다. 모든 일잘러도 동일하다. 피드백을 하려면 의도와 전략을 세워야 한다.

- 시간을 피드백해 보자. 나의 하루 24시간을 어디에 사용했는지 파악해서, 내 삶을 통계로 분석해 보면 된다.

- 직장인이라면 근무시간, 학생이라면 학교나 학원에서의 학습시간, 육아 중인 부모라면 아이를 케어하는 시간을 피드백해 보자. 이 단계는 가장 기초적인 단계로, 이 단계를 마쳐야 다음 단계로 넘어갈 수 있다. 익숙해질 때까지 반복하자.

- 다음 단계는 메인 시간을 분류하는 단계이다. 기획/실행/낭비 시간으로 분류해 보라. 기획 시간은 본질적인 변화를 추구하는 시간이고, 실행 시간은 어쩔 수 없이 무언가를 할 수밖에 없는 시간, 낭비 시간은 아무런 가치가 없는 시간이다. 3가지 항목은 당신의 메인시간을 쉽게 분류시켜준다.

- 간단히라도 시간분류표 옆에 피드백한 내용을 항상 적어두자. 시간을 분석하고 관리하면서 보통 사람들이 놓치는 디테일을 찾아내고, 시간에 의미를 부여할 수 있는 능력을 갖추게 된다.

- 메인 시간을 분석하는 단계를 지나면, 24시간으로 확장시켜 보자. 이미 당신은 시간을 분류하고 분석하는데 적응했기 때문에, 24시간을 분석하는 게 어렵지 않을 것이다.

- 내가 목표 한 과제를 수행하기 위해 실제로 시간을 얼마나 사용했는지 분석하라. 이렇게 측정한 시간은 총 몇 시간이고, 일주일 168시간 대비 몇 %의 비중인지? 그리고 이전과 비교해서 얼마나 성장했는지 분석하라. 이 비교를 통해서 성장하는 나의 모습을 볼 수 있고, 성장해야 할 동기 또한 부여받을 수 있다.

- 목표를 달성하지 못했다면, 그 원인을 '드릴다운'하라. 진정한 피드백은 다시 한번 동일한 목표에 도전한다고 가정했을 때, 목표 달성률을 높여주는 대비책을 찾는 작업이다. 실패 앞에서, 구체적인 액션플랜을 찾을 때까지 '왜 이런 현상이 발생했는지?' '이걸 해결하려면 어떻게 해야 하는지?' 질문하며 '드릴다운' 해야 한다.

- 3가지 관점으로 피드백 해보길 추천한다.

  1. 목표를 달성하기 위해 시간을 계획했는가?
  2. 목표를 달성하기 위해 확보한 시간에 집중했는가?
  3. 예상하지 못한 일이 생겼는가?

- 시간을 기록해서, 나를 방해하는 사람과 상황을 분류해 보자. '도대체 누가? 왜? 어떤 상황에서 나를 방해하는가?'라는 질문을 스스로에게 던지며, 틀어진 계획을 깊이 고찰해 보아라. 방해의 원인이 나에게 있다면, 선제적으로 해결해서 사전에 제거할 수 있고, 정말 불규칙적으로 나를 반복하는 방해요소라면 도움을 요청할 수도 있다.

- 반복해서 실패하는 목표는 2가지 관점에서 피드백해 보아야 한다.

  1. 목표 자체가 너무 높지는 않았는지?
  2. 방법이 잘못되지는 않았는지?

- 정말 중요한 요소를 아날로그로 하루 시작과 마무리 때에 배치해라. 당신의 삶이 구조적으로 바뀔 것이다.

- 시간을 분류할 때, 시간 배치 전략을 구체적인 행위로 세워 보자. 반복하며 구체적인 행동을 찾을 때, 나만의 패턴이 생길 뿐 아니라 새로운 아이디어도 떠오를 것이다.

- 시간 기록표를 보고 어떻게든 낭비시간을 제거해 보자. 아무런 목표 없이 그냥 지나가 버린 시간만큼 무의미한 시간도 없다.

- '여러분의 인생 목적은 무엇인가? 어떤 시간을 우선순위라 답할 수 있는가?' 이 질문에 연결되지 않은 시간은 가장 고차원적인 낭비시간이다.

Q&A
피드백

제가 하고 있는 피드백의 수준이 너무 낮은 거 같아요… 피드백이 너무 어렵게 느껴지는데 무엇부터 하면 좋을까요?

피드백이 어렵게 느껴지는 건 당연하다. 지금까지 플래너가 스케줄러로써만 사용되었기 때문에, 시간을 피드백한다는 개념 자체가 낯선 분들이 많을 수 있다. 그리고 사실 피드백 자체가 고통스러운 활동이다. 목표를 달성하지 못한 스스로를 마주해야 하는 활동이니까.

피드백을 처음 시작했다면, 시간기록을 보면서 나의 시간사용에 대한 분석을 시작해 봐라. 영적 시간에 몇 %를 쓰고 있는지, 잠은 몇 시간 자고 있는지, 업무 시간은 몇 %인지, 관계에 시간을 얼마나 투자하고 있는지, 학습하는 데 시간을 얼마나 쓰고 있는지, 운동하는데 얼마나 시간을 쓰고 있는지. 이런 것부터 진단해 보자. 진단한 시간을 %로 계산해 보는 것 자체가 피드백의 시작이다. 피드백이 자연스럽게 업그레이드될 거다.

가장 중요한 건 피드백을 반복하면서 조금씩 수준을 끌어올리는 거다. 아주 간단하게라도 일단 피드백을 시작하고, 매주 반복해 보자. 분석을 반복하다 보면 나의 액션과 전략을 바꿔야겠다는 욕심이 자연스럽게 생긴다.

피드백을 지속해야 의미 있는 내용을 찾을 수 있다. 피드백을 지속하려면 시간을 정해놓고, 쉽고 간단하게 해보자. 혼자 하기 어려우면, 피드백을 같이할 수 있는 트래커스 커뮤니티로 와라. 어느 정도의 강제성이 부여되어 도움을 받을 수 있을 거다. 내가 팀장일 때, 시간관리를 지속하지 못하는 팀원들을 위해서 시간기록을 했는지 무조건 체크했다. 오늘 하루를 어떻게 보냈는지, 어디에 시간을 썼고 오늘 하루의 피드백이 무엇인지를 업무 마치고 수시로 점검했다. 그랬더니 자연스럽게 시간을 기록하는 습관을 지니게 되더라.

피드백을 해도 삶이 달라지지 않아요. 뭐가 문제인 걸까요?

삶을 바꾸지 않아서 그렇다. 무엇인 문제인지 피드백 했다면, 그걸 바꿔야 하는데 그러지 못하면서 삶이 달라지지 않는다고 말하는 거다.

스스로 생각했을 때 극단적이라고 느낄 정도로 한번 바꿔봐라. 바꾸지 않으면 안 바뀐다. 예를 들어서 운동 목표가 너무 달성되지 않는다고 하면, PT를 결제하고 헬스장에 나가라. 퇴근하고 집에 왔을 때 운동하기 너무 싫다면, 일찍 자고 아침 일찍 일어나는 패턴을 만들어서 아침에 헬스장을 가라.

시간에는 관성과 내성이 있다. 우리가 이미 익숙해져 있는 거다. 익숙한 상태에서 새로운 목표를 도전하는 건 쉽지 않다. 그래서 목표 달성에 실패하게 된다. 물론 극단적으로 변화를 준다고 해서 무조건 새로운 목표를 달성하게 되는 건 또 아니다. 하지만 이 과정에서 배우는 게 분명히 있고, 나에게 가장 최적화된 길을 알게 되는 거다. 피드백을 잘하면 내 마음의 평화와 안정을 얻을 수 있다. 통장에 돈이 두둑이 있을 때 마음이 편안한 것처럼, 내 시간을 내가 알고 있고, 파악하고 있고, 이런 식으로 하면 목표를 달성할 수 있을 것이라는 감을 익히게 되면 안정감을 느낄 수 있다.

낭비시간의 정의가 조금 어렵게 느껴집니다. 낭비시간을 판단하는 기준은 무엇인가요?

낭비시간을 규정하는 데에는 레벨이 있는 거 같다.

가장 낮은 차원은 누가 봐도 낭비시간으로 평가할 수 있는 시간이다. 후회가 남는 시간이다. 아무 계획 없이 유튜브를 3시간씩 보고 있었다면, 그건 누가 봐도 낭비시간이 아닌가? 이런 식으로 써서는 안 되었던 시간이다. 멍 때리면서 아무 계획 없이 흘러간 시간도 다른 의미에서 낮은 차원의 낭비시간이다.

단계가 조금 올라가면, 계획은 있었지만 계획 자체가 비현실적이어서, 또는 방해세력을 예측하지 못해서 목표달성에 실패한 시간을 의미한다. 우리가 어떻게 상사를 완벽하게 예측할 수 있겠나. 그리고 일하다 보면 갑자기 추가 업무를 요청받을 수도 있다. 이런 식으로 방해받은 시간을 낭비시간 2단계라고 할 수 있다.

더 높은 차원의 낭비 시간은 내가 세웠던 목표와 상관없이 소모한 시간, 또는 목표를 달성하지 못했던 모든 시간을 의미한다. 예를 들어, 내가 유튜브 구독자 100만을 달성하는 게 목표다. 그리고 일주일에 절반의 시간을 유튜브 영상을 찍고 업로하는데에 투자했다. 그런데 구독자가 1명도 안 늘었다? 조회수도 100에서 왔다 갔다 한다? 그러면 내가 투자했던 시간은 낭비시간이다. 계획도 했고, 나름 열심도 있었고, 통제도 했지만 결과를 낼 수 있는 시간이 아니었던 거다. 계획상의 프로세스나 전략이 잘못 잡힌 거다.

여기서 한 단계 더 올라간다고 하면, 고객이 원하지 않는 시간이 다 낭비시간이다. 우리가 회사생활을 할 때는 고객이 원하는 일만 하면 되지 않나? 그런데 고객이 원하지도 않는 일을 나의 니즈와 방식 때문에 목표로 세웠다면, 그건 고객입장에서는 다 의미 없는 시간인 거다.

프로 작심삼일러의 시간관리 성공 노하우

E사에서 일하는 H님의 인터뷰

이준희 대표님과 언제, 어떻게 처음 만나셨나요?

제가 입사하고 교육 과정을 마치고 공식적인 팀으로 배치되었을 때, 처음 만났던 사수가 이준희 팀장님이었어요.

당시에 여섯 명의 동기가 있었는데 3명은 압도적인 상위권이고 3명은 압도적인 하위권이었습니다. 제가 압도적인 하위권 중에서도 제일 답이 없다고 평가받는 사람이었어요. 그 당시에는 엑셀을 잘 다루고 분석을 잘하는 사람들이 인정을 많이 받았는데, 저는 엑셀을 사용법을 몰랐을 정도였으니까요. 아무도 절 알아봐 주지 않았고 일못러 취급을 해서 엄청 힘들어하고 있었는데, 이준희 팀장님이 저의 강점을 알아보시고 본인이랑 일해보지 않겠느냐고 제안을 해주셨죠. 그때 이준희 팀장님 덕분에 강점을 활용해서 성과를 내게 되었습니다. 아직도 굉장히 고맙습니다.

그 당시 이준희 대표님과 시간관리와 관련해서 가장 기억에 남았던 순간에 대해 알려주세요

몇 가지 사건이 있었지만 가장 큰 사건을 꼽아보겠습니다. 일이 새벽 3시에 끝났습니다. 서둘러 퇴근하려고 하는데, 시간 피드백을 안 했다고 새벽 4시까지 시간관리표를 작성시키셨습니다. 작성을 다하니까 피드백 미팅을 시작하셨어요. 피드백 미팅까지 마치고 새벽 4시 반에 집에 갔던 기억이 있습니다. 그땐 솔직히 이 사람 정말 정상이 아니라는 생각을 했어요.

제 MBTI 유형이 ENTP라서, INTJ인 이준희 팀장님과는 다르게 시간관리를 너무 하기 싫었거든요. 정리하고 계획하고 설계하는 걸 애당초 하기 싫어하는 사람인데, 이준희 팀장님이 계속 나한테 기록하라고 하더라고요. 정말 쓰고 싶지 않은데 이준희 팀장님 때문에 입사하고 3년 동안은 억지로 쓰고 안 쓰고를 반복했던 거 같아요. 그걸 반복하면서 시간을 기록하는 습관이 만들어졌고 그게 가장 고마운 부분이죠.

P유형인 H님처럼 이준희 대표님의 시간관리 엑셀표를 보시고 이렇게는 못하겠다고 하시는 분들에게 해주고 싶으신 조언이 있으실까요?

제 이야기를 정말 정말 해주고 싶었어요. 사실 그 당시에 이준희 팀장님이 나한테 가르쳐준 방법은 저에게 너무 맞지 않았어요. 엑셀로 0.7% 단위까지 계산하는 걸 따라 하려고 하니까 너무 힘들었습니다. 그래서 저는 저의 성향에 맞는 방식을 찾기 시작했죠. 결국 이준희 대표님이 제안하는 시간관리의 본질은 '목표를 달성하기 위해 우선순위에 시간을 더 많이 쓸 수 있도록 삶을 관리하는 것'이잖아요. 그런데 시간을 분석하고 관리하는 스킬 자체가 저에게 너무 복잡하게 느껴져서 시작조차 못하니까, 일단 이준희 팀장님을 따라 하면서도 저만의 방법을 찾기 위해 노력을 많이 했어요. 제가 따라 할 수 있는 건 따라 하고, 제가 못하겠는 건 버리고. 이렇게 하면서 저만의 방법을 주도적으로 찾아갔죠.

여기서 가장 중요한 건 본인한테 맞는 방법을 찾지 못했더라도 일단 꾸준히 시간을 기록하고 피드백을 해봐야 한다는 거예요. 나와 맞지 않는 방식을 수행하면서도 본인에게 맞는 걸 발견할 수 있는 건데, 나랑 안 맞는 거 같다고 그냥 안 해버리면 할 수 있는 게 아무것도 없는 거죠.

P유형이신 분들이 시간관리를 지속하기 위해서는 단순하고 직관적이어야 해요. 일단 이준희 대표님이 추천하는 시간관리 방법을 따라 하면서, 어떻게 하면 더 단순하게 시간관리를 할 수 있을지를 계속 고민해보라고 조언해 주고 싶어요. 아니면 중간에 포기할 가능성이 엄청 높아요.

예를 들면, 저는 2018년부터 매일 한 문장 감사 제목 쓰기를 4년 동안 계속해오고 있어요. 이게 어떻게 가능했을까요? 한 문장이기 때문에 가능했어요. 만약 감사 제목 쓰기가 아닌 감사일기를 쓰려고 했다면 저는 이렇게 꾸준히 작성하지 못했을 거예요. 그런데 한 문장을 쓰라고 하니까 쓸 수 있겠더라고요.

솔직히 말하자면 저는 무엇을 꾸준하게 못 하는 성향이에요. 그런데 모순되게도 제가 지금까지 해왔던 프로젝트들 중에는 누적 프로젝트들이 많아요. 이게 어떻게 가능했을까요? 자기만의 방법을 찾고 자기만의 맛을 알면 지속할 수 있어요. '이걸 하면 나에게 유익하구나'하는 맛을 봐야지만 지속할 수 있어요. 시간관리를 해서 목표를 달성해 봐야 지속할 수 있다는 말이에요.

그냥 단순히 기록에만 머물고, 숙제하듯이 하고 있으면 지속이 안 될 거예요. 제가 입사하고 나서 3년간은 이준희 팀장님이 내준 숙제처럼 시간관리를 했는데 지속하기가 너무 어렵더라고요. 그러다가 어느 순간 제가 프로젝트를 하면서 시간 사용이 굉장히 어려워지는 거예요. 프로젝트가 많아지고, 일이 계속 몰려오고, 동시에 사람도 만나야 되고 미팅도 해야 되고 행정처리도 해야 되고 메일 회신도 해야 되고… 일이 너무 차고 넘치니까 일에는 쫓기는데 결과는 안 나오더라고요.

그때도 시간은 기록하고 있었는데 피드백을 못하면서 시간 기록을 그만해야겠다는 생각을 했어요. 왜냐면 다들 공감하겠지만, 시간을 기록하는 것도 일이거든요. 그래서 이제 그만해야겠다고 생각했는데 마침 그때 '덩어리 시간'을 확보하는 게 중요하다는 걸 피터 드러커 책을 읽으면서 깨닫게 되었어요. 그 이후로 저의 시간 기록이 바뀌기 시작했습니다. 정말 중요한 프로젝트에 대해서는 철저하게 시간 관리를 하기 시작했어요. 제가 어떤 프로젝트에 얼마나 시간을 쓸지 사전에 계획하고, 실제로 그 시간을 사용했는지, 시간을 사용해서 원하는 결과를 얻었는지 피드백하면서 본격적인 시간관리가 시작되었다고 볼 수 있어요.

그래서 일단 P유형들이 시간관리를 시작하려면 단순하고 쉬워야 하고, 시간관리를 지속하기 위해서는 어떤 지점에서 맛을 보아야 한다고 말해주고 싶어요. 그런데 제 조언조차 형식적인 숙제하듯이 해치워버리면 작동이 안 될 수 있어요. P유형들은 큰 틀은 벗어나지 않으면서 조금이라도 자기만의 방식을 시도해 보는 게 중요하지 않나 그런 생각이 들어요.

직설적으로 한마디 하자면, P유형들은 시간관리를 안 하면 목표와 상관없는 일에 시간 낭비하다가 인생을 다 허비할 가능성이 높아요. 제가 P유형이라 솔직하게 이야기할 수 있는 거예요. 사실 J유형들은 이런 시간관리 방법을 몰라도 어느 정도 계획 세우고 열심히 살 거예요. 하지만 P유형들은 아니잖아요. 처음에는 어렵게 느껴질 수 있지만, 다른 사람들이랑 함께하면서 본인만의 스타일을 찾아갈 때까지 계속 버텨봐요.

시간관리를 하면서 가장 크게 달라진 부분은 무엇인가요?

저는 시간관리를 하면서 시간에 쫓기지 않게 되었어요. 다른 말로 표현하자면, 시간 관리를 하면서 제가 얻은 가장 큰 유익은 제가 능수능란하게 거절할 수 있게 되었다는 거예요.

일단 저의 표준 스케줄은 고정화되어있고 팀원들에게 공개되어 있어요. 월요일 오전에는 조직관리에 시간을 많이 써요. 그리고 화요일, 수요일, 목요일 오전까지는 인재개발에 시간을 많이 쓰고 있습니다. 예를 들면, 프로젝트 관리나 직원들 면담 같은 데에 시간을 쓰는 거죠. 그리고 목요일 오후부터 금요일 오전까지 제가 직접 해야 하는 중요한 프로젝트에 시간을 쓰고 있어요. 금요일 오후에는 조직 피드백 시간으로 보통 이런 식으로 제 스케줄이 역기획 되어 있어요. 그래서 정말 긴급한 일이 아니고는 다른 사람들이 저의 시간을 침해하지 않아요. 제가 어떤 일에 시간을 쓰고 있는지 알고 있고, 저의 결과물도 볼 수 있기 때문에 함부로 요청하기 어려워지는 거죠.

이렇게 고정된 시간을 사용하고 나면 꼭 피드백을 해요. 시간이라는 자원을 투입해서 얻은 아웃풋, 결과물이 어떤 건지 확인하는 과정을 거쳐요. 이 과정에서 시간을 제대로 쓴 건지, 무엇을 놓친 건지 깨닫게 되는 거죠.

지금 시간 관리를 하면서 피드백 훈련을 해두면 다른 영역에도 이 원리를 동일하게 적용할 수 있어요. 저는 시간관리를 꾸준히 해왔기 때문에, 저희 팀이 사용한 예산과 인적자원도 자연스럽게 피드백할 수 있게 되었어요. 그래서 '시간관리'보다는 '시간 경영'이라는 표현이 더 적합하지 않나 싶어요.

시간관리를 잘하고 있는지 확인하는 3가지 포인트가 있어요.

1. 우선순위에 초점이 맞춰져 있는가
2. 거절과 제거를 잘하는가
3. 자기 시간 사용에 있어서 여유가 있는가

시간관리를 어느 정도 하지만, 다른 사람들의 부탁을 거절하지 못해 모든 게 무너지는 사람들이 많아요. 저는 주임 때부터 상사의 요청을 거절했어요. 제가 거절할 수 있었던 이유는 2가지예요.

1. 언제까지 뭘 하겠다는 말을 하면 약속을 철저하게 지켰어요.
2. 예상하지 못한 거절하기 어려운 업무지시와 일정에 대해 피드백을

했고, 반복되는 패턴을 찾아내서 사전에 미리 시간을 배치했어요.

물론 이렇게 하더라도 거절하기 어려운 상황이 있을 수 있어요. 하지만 내가 일을 떠맡는 걸 다른 사람들이 당연하게 생각하면 안 된다는 말을 하고 싶은 거예요. '이 사람은 우선순위가 아닌 일은 거절하는 사람이다'라는 명확한 브랜딩이 되어야 해요. 굉장히 이기적이라고 느낄 수 있어요. 그런데 아이러니하게도 열에 아홉 번을 수락하는 사람이 한 번 거절하면 그 사람의 디브랜딩이 훨씬 커요. 아홉 번이나 요청을 해서 들어줬는데도 너무 시간이 안 나서 한 번 거절하면 완전 이기적인 사람으로 기억에 남게 되는 거죠. 그런데 저는 매번 거절하니까 브랜딩이 안 좋을 것 같잖아요? 물론 저를 싫어하는 사람도 있겠지만, 저는 인간관계에 어려움이 별로 없어요. 왜냐면 저는 여덟 번 거절하고 두 번 들어주거든요. 두 번 들어주었을 때 제가 어떻게 들어주겠어요? 숟가락을 부탁하면 밥에 반찬 얹어가지고 양념까지 넣어서 입에 넣어주죠. 그러면 부탁한 사람 입장에서 여덟 번 거절한 건 기억도 안 나요. 이게 지혜롭게 일하는 방식이에요. 제가 다 거절하고 완전히 무례하게 매너 없이 하는 게 아니에요. '저 사람의 시간을 갖기는 참 어려워'라는 브랜딩을 가지고 있으면서, '그래도 그 사람이 부탁을 들어주면, 100을 부탁할 때 200을 주는 사람이야'는 브랜딩도 갖는 겁니다. 그리고 거절할 때도 대안을 줍니다. '저 말고 이런 친구 있으니까 이 친구한테 부탁하시면 잘 될 겁니다'라고 연결해 주는 거예요. 그럼 무례하다고 생각하지도 않겠죠.

저 사람의 시간을 마음대로 쓸 수 있다고 생각하는 것 자체가 그 사람이 시간 관리를 안 하고 있다는 말입니다. 저 사람은 시간이란 자원을 소중하게 생각하지 않는다는 의미겠죠.

H님은 우선순위를 어떤 기준으로 설정하시나요?

제가 우선순위를 이해할 수 있도록 쉬운 예시를 하나 들어볼게요. 만약 동글님에게 500만 원이 생겼다면 돈을 어디에 투자할 건가요? 동글님은 똑똑하니까 분명 안정적이고 수익성이 높은 곳에 투자하겠죠. 그 기준을 잘 모른다면, 주변에 동글님보다 이런 분야를 잘 알고 있는 지인에게 조언을 구할 거고요.

그게 바로 우선순위입니다. 시간으로 돌아가 볼게요. 이 시간을 넣었을 때 가장 수익성이 높게 나올 항목이 우선순위인 거예요. 그게 중요한 거죠. 돈이랑 똑같아요. 돈을 넣을 때 동글님은 수익성 높은 종목에 돈 넣을 거고, 수익성이 낮은 데에는 안 넣을 거잖아요?

그런데 많은 사람들이 수익성이 낮은 곳에 시간을 엄청 써요. 현업, 행정, 서류 처리 등 이런 건 수익성이 낮은 것들이거든요. 그런데 거기다가 시간을 엄청 넣고 있어요. 시간을 넣어서 수익이 많은 게 중요한 거고 우선순위입니다. 긴급한 일은 대부분 수익성이 낮은 경우가 많아요. 자원을 넣어도 아웃풋이 적은 현상을 오버헤드라고 해요. 그러니까 시간을 자원으로 생각하면 우선순위가 명확해져요.

다른 예시를 하나 들어볼게요. 제가 팀원들을 세 명 데리고 있는데 동글, 세모, 네모라고 해볼게요. 동글은 진짜 투입하면 압도적인 퍼포먼스가 나는 팀원이에요. 그런데 세모는 성실하긴 한데 시간이 오래 걸리고, 네모는 아예 일을 못하는 팀원이에요. 그러면 제가 압도적인 우선순위 프로젝트가 생겼을 때 누구랑 같이 이 프로젝트를 할까요? 동글이랑 하겠죠. 가장 일을 잘하는 팀원이랑 하겠죠.

정말 중요한 포인트를 하나 알려줄게요. 시간을 넣었을 때 가장 가치가 많이 나오는 우선순위 제목들은 양질의 시간을 넣어야 해요. 그래서 그 시간이 언제인지 알아야 해요. 본인의 몰입 상태가 가장 좋을 때, 가장 정신이 맑을 때, 가장 집중할 수 있는 시간대가 언제인지를 알고, 그 시간을 우선순위 제목에 덩어리로 넣고 있는지, 그리고 그 덩어리로 넣었을 때 아웃풋이 나오고 있는지를 피드백하는 거죠. 제가 가장 양질의 시간을 덩어리로 넣었을 때 아웃풋이 압도적으로 나오는 일인지가 우선순위를 판단하는 가장 큰 기준이에요.

동글님이 시간을 한 시간 넣었을 때 어떤 프로젝트는 결과를 10밖에 못 얻고, 어떤 프로젝트는 50밖에 못 얻고, 어떤 프로젝트는 100이 나오면, 100이 나오는 프로젝트를 우선순위라고 하는 거죠.

말씀하신 프로젝트 결과물에 대한 감이 없을땐 어떻게 해야 하나요?

그래서 리더가 필요한 거예요. 이 우선순위에 대한 질문을 리더에게 할 수 있는 사람이 진짜 프로페셔널 팔로우십이라고 생각해요. 신입 때는 우선순위를 잘 모를 수밖에 없죠.

동글님에게 아까 주식을 하나도 모르면 이 분야에 대해 더 잘 알고 있는 사람에게 조언을 구하겠다고 말한 것과 동일한 거예요. 모를 때는 리더한테 물어봐야 되는 거죠. 그럼 그 리더는 답변할 수 있어요. 만약에 그 리더가 답변을 못한다면, 빨리 이직을 하거나 팀을 바꿔야 돼요. 왜냐하면 그 리더도 우선순위에 대한 관점이 없는 사람일 확률이 높거든요. 우선순위는 고객이 정해주는 거예요. 제가 똑같은 투자를 해서 고객이 더 큰 만족을 얻는 제목이 제가 공헌할 가장 많은 가치를 낼 우선순위 제목인 거죠.

아까 동글님이 이야기한 프로젝트 결과 10, 50, 100은 고객이 느끼는 만족과 행복함이거든요. 그 부분에 대해서 고객 대신 답변해 줄 수 있는 사람이 리더니까 리더에게 물어봐야 되는 거예요.

아까 설명해 주신 팀원 예시에 대해서 한 가지 여쭤보고 싶어요. 아직 실력이 부족해서 맡겨진 업무의 결과가 10밖에 안 나오는 오버헤드밖에 없다면 실력을 키우는 데 집중해야 하는 걸까요?

조금 속상한 이야기일 수 있지만, 답이 너무 당연한 질문이에요. 만약 그런 비부가 업무가 자기한테 계속 오고 있고, 계속 허드렛일을 하고 있는 것 같다면 미안하지만 지금 실력이 없을 가능성이 높아요. 그리고 그 실력을 키우기 위해서 자기계발이나 성장을 위한 에너지를 써야 돼요. 그냥 나는 이런 일을 하는가 보다 하면 거기서 머물러버리게 되는 거예요.

둘 중 하나의 경우일 거예요. 자신의 강점과 어긋나거나, 아니면 자기가 중요한 티핑을 못하고 있는 거죠. 그러니까 그 상태를 극복하기 위해서는 역할을 바꾸거나, 실력을 키워야 해요.

시간관리가 강점이랑 연결되는 게 그런 거예요. 우리가 인풋을 했는데 아웃풋이 많이 나오려면 강점을 활용할 수 있는 제목이어야 해요. 저한테 엑셀 분석하는 우선순위 제목을 주면서 시간을 쓰라고 하면 거절할 거예요. 계속 시키면 한 3개월 동안은 로열티와 저의 인격의 성숙을 위해서 할 수 있을지도 몰라요. 그런데 계속 이런 프로젝트를 맡기면 그만둬야죠.

피터 드러커의 저서를 읽어보셨나요? 시간관리가 얼마나 중요한 개념인지, 아직 이해되지 않더라도 진도를 더 나가볼게요. 생각해 볼 만한 이야기가 될 거예요. 피터 드러커 책을 읽어보면 항상 마인드셋 다음에 시간관리가 첫 번째로 나와요. 그 이유가 뭘까요? 피터 드러커 책의 핵심 개념은 "생산성"이고, 생산성을 향상시키는 방법이 "피드백"이에요. 적은 인풋으로 많은 아웃풋이 나오면 생산성이 높은 거죠. 인풋의 질을 결정하는 게 시간과 강점이고, 아웃풋의 크기를 결정하는 게 공헌과 우선순위예요. 남들이 2시간 일할 거리를 1시간에 해치울 수 있다면 그게 여러분의 강점이고요, 공헌은 고객의 문제를 해결해주는 걸 말해요. 많이 공헌했다는 말은 고객의 문제를 많이 해결했다는 의미죠. 이 모든 걸 고려해서 효과적인 의사결정을 내리는 게 경영자의 가장 중요한 목표라고 피터 드러커는 강조해요. 그래서 "시간부터 잡으라"라고 하는 거예요. 시간이라는 자원은 공헌, 강점, 우선순위, 의사결정을 모두 관통합니다. 시간으로 다 연결된다는 뜻이에요. 한 번에 이해가 되지 않는다면 계속해서 다시 고민해 보길 권해드려요. 더 탁월한 리더십으로 성장하는 데 도움이 될 거예요.

시간을 가장 잘 활용하는 방법은 무엇일까요? 마지막으로 시간관리를 이제 시작하게 될 독자들에게 해주고 싶으신 조언이 있다면 나눠주세요.

시간은 돈으로도 살 수 없다는 말 많이 들어봤죠? 여러분에게 가장 귀한 자원은 '시간'이에요. 그러니까 외부 환경이나 다른 사람의 이야기 때문에 여러분의 소중한 시간을 흘려보내지 마세요. 지금 당장 어떤 일에 목표를 가지고 도전해 보면 좋겠어요. 크기와 상관없이 무엇이든 시작해 보세요. 자꾸 재면 아무것도 시작할 수 없어요. '지원 공고가 안 떠요' '우리 회사에서 목표를 안 줘요'라며 아무것도 안 하고 있는 시간은 거리에다 여러분이 가지고 있는 돈을 계속 버리는 것과 마찬가지예요. 그 시간에 책을 보고, 멘토를 찾아가고, 이 책을 통해서 이준희 대표가 소개해준 시간관리 방법을 제대로 따라해 봐요.

여러분이 목표를 세우고 도전을 해야 피드백도 할 수 있어요. 피드백을 해야 성장을 할 수 있죠. 반대로 도전을 안 하면, 피드백을 못하고, 성장도 못하는 거예요. 계속 시간을 버리고 있는 거죠. 이 시간은 지나가면 잡지도 못해요. 시간은 다시 되돌릴 수 없는 제일 무서운 자원이에요. 모두에게 똑같이 24시간이 주어져요. 빌 게이츠도 24시간, 저도 24시간을 가지고 있어요. 가장 귀한 자원을 낭비하지 마세요.

혼자 못하겠으면 커뮤니티에 참여해서라도 끝까지 해봐요. 동기부여가 필요하다면 여러분에게 꼭 필요한 조언을 해줄 수 있는 멘토를 찾아가세요. 여러분에게 불을 붙여줄 수 있는 사람들을 찾고, 그런 사람들을 만났다면 무조건 곁에 두세요. 앞으로 여러분이 성장하는데 정말 큰 원동력이 되어줄 관계가 될 거예요. 이 딱딱한 책을 여기까지 읽고 있는 분들은 엄청난 잠재력을 가진 사람들이에요. 그 잠재력을 믿고, 이 책을 활용해서 새로운 도전을 시작해 보시길 응원합니다.

PART 5

시간관리를 더욱 값지게 하는 자기계발 실천지침

커리어와 연결된 자기계발 방법들을 소개하고자 한다. 바쁜 직장 생활 중에도 계속해서 나를 성장시킨 원동력이자, 창업 후에도 동일하게 적용한 나만의 노하우이다. 간단하게 따라 할 수 있는 부분만을 다루었으니, 꼭 참고하여 적용해 보기를 권한다.

Make your time more alive

Chapter 14

책을 읽는 방법

매주 책을 한 권씩 읽는 방법

앞서 지적 영역을 이야기하면서, 책 읽기의 중요성을 언급했다. 요즈음에는 수많은 책이 쏟아져 나오고, 1인 출판사도 난무하기 때문에 좋은 책을 고르기가 상당히 까다롭다. 또한 양질의 콘텐츠가 대거 동영상으로 이동했기 때문에, 두꺼운 책을 읽어야 할 이유가 없어 보인다. 하지만 책은 정말 중요하다. 사고하는 습관은 독서로만 키울 수 있기 때문이다.

나도 유튜버로 활동 중이지만, 내 아이들에게 책 읽는 습관이 들기 전까지는 미디어를 보여주지 않으려 한다. 영상은 호흡이 짧고 전환이 빠를수록 사람들의 관심을 붙들 수 있다. 그러다 보니 긴 호흡이 필요한 깊이 있는 이야기를 할 경우, 사람들의 관심을 붙들지 못해 조회 수나 시청 지속시간이 하락하는 경우가 대부분이다. 깊이 있는 콘텐츠가 채널 성장의 장애물로 작용하는 현상이다. 그래서 유튜브 플랫폼을 포함한 대부분의 영상 학습 콘텐츠는 20분을 넘기지 않는다.

둘째, 시청자의 착각이다. 영상의 속도나 템포는 영상 제작자가 주도한다. 제작자는 시청자에게 생각할 여유를 주지 않는다. 우리의 사고력이나 이해 속도를 배려하지 않고 영상을 전개한다. 제작자의 인도를 따라 성실히 영상을 시청하면, 시청자는 학습이 완료되었다고 생각한다. 하지만 진정한 학습은 절대 남의 박자에 맞추어 이루어지지 않는다. 학습에는 반드시 여유가 필요하다. 우리는 컴퓨터가 아니기 때문에 소화하는 시간이 필요하다. 가르침을 나의 언어로 해석하는 시간, 내 삶에 적용하는 시간 그리고 다른 이에게 전달하는 시간. 적절한 뜸을 들여야 학습을 완료할 수 있다.

시간을 집중시키는 게 목표를 달성하는 사람들의 특징이라고 이야기한 바 있다. 학습도 마찬가지이다. 많은 내용을 읽고 다양한 해석을 내리기보다, 한 주제에 오랫동안 머무는 집중시간이 중요하다. 책을 읽으면 최소한 2~3시간 동안 한 주제에 머무르게 된다. 자연스레 뜸을 들이는 것이다. 뜸 들이기를 위해 책을 끊어 읽지 말고, 한 번에 한 권을 다 읽도록 연습하자.

그러기 위해서는 발췌독과 통독을 할 줄 알아야 한다. 나의 경우, 책을 이북으로 먼저 접한다. 그리고 통독 혹은 발췌독한다. 정독할 만한 책인지 스크리닝 하는 것이다.

책 전체를 훑는 데에 통독이 효과적이다. 흔히 N자로 읽는 방법이라고 하는데, 목차를 읽은 후 소제목 중심으로 빠르게 책 전체를 넘겨보는 방법이다. 요즘 출판되는 책들은 가독성을 높이기 위해 소제목에 심혈을 기울인다. 그래서 중요한 내용이 소제목에 포함된 경우가 많다. 소제목만 훑어보아도 책 한 권의 대략적인 포인트를 파악할 수 있다.

소제목만 읽을 거라면 목차만 보는 게 효과적이지 않냐고 질문할 수 있다. 목차만 보지 않고 책 전체를 넘겨보는 이유는 책 내용과 연관된 그림이나 그래프, 디테일을 파악하기 위함이다.

통독으로 책을 읽으면 대부분의 도서는 2시간 만에 훑을 수 있다. 이때, 다시 정독해야 할 챕터들을 표기해두고, 그 부분만 발췌독하여 깊이 읽어본다. 발췌독하다가 끝까지 읽을 필요가 없다고 느껴지면 독서를 중지하고, 완독한 것으로 간주한다. 책 내용이 유익하지 않거나 내 삶에 적용하기 어렵다면, 과감히 책을 내려놓고 다른 책을 읽는 게 더

났다. 내가 일주일 만에 책 한 권을 읽을 수 있는 방법이다.

책을 훑고 나서, 정독해야겠다는 판단이 서면 동일한 도서를 종이책으로 다시 구매한다. 재구매는 낭비가 아니다. 오히려 좋은 책은 빠르게 절판되기 때문에 제때 못 사면 소장이 어려워진다. 중요한 책은 반드시 종이책으로 보관하는데, 책을 읽고 당시에 떠오르는 영감과 적용점들을 메모로 남길 수 있기 때문이다.

이북도 디지털 메모로 충분히 기록을 남길 수 있다고 하지만, 그 메모를 다시 열어보는 일은 힘든 일이다. 나는 이북 메모를 열어본 경험이 별로 없다. 종이책의 경우에는 책만 펼쳐도 메모에 묻은 손때와 감촉을 다시 느낄 수 있다. 디지털로는 구현할 수 없는 경험이다. 아날로그로 시간기록과 동일한 원리이다.

좋은 책을 찾는 방법

다독보다 중요한 작업은 좋은 책을 찾는 일이다. 사람마다 좋은 책의 기준이 다를 수 있지만, 내가 배우고 적용하면서 나름대로 터득한 기준을 소개하고 싶다.

1. 이론만이 아닌 실제 스토리가 담긴 책

나는 대학 교재 같은 아카데믹한 이론서를 읽고 큰 도움을 받은 적이 없다. 특히 비즈니스 영역에서는 더더욱 그렇다. 비즈니스는 경영이다. 경영은 실전이기 때문에 이론만으로 커버할 수 있는 영역이 아니다. 책으로 수영을 배운 사람은 직접 물에 들어가서 연습한 사람보다 학습효과가 떨어질 수밖에 없다.

나에게 가장 유익했던 유형은, 어떤 영역에서 어려움을 돌파한 사람이 직접 배운 교훈을 회고하는 책들이었다. 이런 책을 읽으면 저자가 당시에 겪었던 감정과 생각이 전환되는 포인트를 자세히 볼 수 있다. 거듭 이야기하지만, 책을 읽는 이유는 지식 습득보다 사고하는 방법을 익히는 데에 있다. 장애물 앞에서 어떤 생각을 했고, 어떻게 돌파했는지는 직접 경험한 사람이 아니면, 기술할 수 없다.

대학교수의 연구논문보다는 이론을 실제 적용해 본 컨설턴트의 분석적인 책을 주로 읽었고, 그보다는 그 영역의 위기를 돌파해 본 CEO가 직접 쓴 책을 즐겨 읽었다. 나의 예시를 드느라 비즈니스라는 영역에 국한되었다. 여러분이 속한 영역에서 실제 돌파를 경험한 사람의 책을 읽어보길 추천한다.

2. 가장 권위 있는 사람이 쓴 책

어떤 영역이든지 모든 내용을 스스로 창조한 사람은 없다. 성공한 사람들도 누군가에게 영향을 받았고, 누군가의 이론을 참고해서 적용하였거나, 누군가의 내용을 보완 발전시켰을 뿐이다. 그렇기 때문에 모든 사람이 참고하는 '누군가'의 저서를 찾아 읽는 행위는 언제나 유익하다.

나 역시 인사를 하면서 수많은 구루들의 책을 읽었다. 짐 콜린스, 제프리 페퍼, 마이클 해머, 래리 보시디 등 경영계 구루들의 저서를 읽고 또 읽었다. 많은 책을 접하자 구루들의 책에서 동일하게 인용되는 사람을 찾을 수 있었다. 구루들에게 영향을 주었던 위대한 스승이자 구루 중의 구루, '피터 드러커'였다. 피터 드러커를 발견하고 그의 저서를 독파하기 시작했다. 한국에 번역된 20여 종의 책을 대부분 읽어보았고, 그중 피터 드러커를 이해하는 기초인 <피터드러커 자기경영노트>는 17번이나 읽었다. 더 이해하고 싶어서 원서까지 사다가 읽었다.

내가 드러커의 이론을 자주 인용하고, 적용하는 데에는 이 같은 배경이 있다. 드러커의 책을 읽으면서 엄청난 유익을 얻게 되었다. 내가 만나는 최고 레벨의 권위자들과 공통분모를 형성하게 된 점이다. 대기업의 회장님, 대표이사님, 임원들 모두 드러커의 책을 이미 읽은 사람들이었다. 그들에게 드러커의 이론을 기반으로 설명하면 이해시키기 쉬웠고, 드러커의 방향성을 적용하자고 제안하면 쉽게 통과가 되었다. 나는 안 통해도 드러커는 통했다.

이 방식은 지금도 유효하다. 퇴사 후 외부 활동을 통해 타 기업에 재직 중인 팀장 이상급의 인사를 종종 만날 때가 있다. 대화를 나누어 보면 기업 간에 문화와 일하는 방식, 기준은 모두 달랐지만 드러커는 통했다. 구루 중의 구루의 책을 탐독한 열매라고 할 수 있다.

책 속의 책, 저자 속의 저자를 찾아보아라. 대부분의 저자는 본인에게 영향을 끼친 인물이나 도서를 책에 기술해 놓는다. 어떤 경우에는 아주 두꺼운 주석을 달아 표시하기도 한다. 책을 인상 깊게 읽었다면, 저자가 자주 인용한 책이나 인물이 있는지 찾아보아라. 그 책은 당신을 한 층 더 깊은 차원으로 안내해 줄 것이다.

3. 전 세계에서 통하는 책

나는 한국 사람이 쓴 책보다 해외에서 인정받은 책을 더 선호한다. 내 서재를 피드백해 보니, 저자가 미국인인 경우가 가장 많았고, 일본, 유럽, 한국인 저자가 그다음 순이었다. 무언가를 배울 때는 세계 최고 수준의 내용으로 배우는 게 좋다. 세계 최고 수준의 가르침이라면, 국가와 지역을 따지지 않고 적용 사례들이 등장한다. 누군가 서적을 읽고 적용한 사례를 쓴 책을 읽기보다는, 번역된 저서를 바로 읽고 현장에 적용하는 게 더 효과적이다.

이런 책들은 아마존 books 랭킹을 활용하면 찾을 수 있다. 이 방법은 내가 가장 존경하는 회장님이 알려주신 방법인데, 좋은 책을 만나는 그분만의 노하우였다. 첫째, 아마존에서 읽고자 하는 영역의 베스트셀러와 스테디셀러를 검색한다. 둘째, 가장 독보적인 책을 한국 서점 사이트에서 검색한다. 셋째, 책이 번역되어 있다면 구매한다.

좋은 책을 찾는 또 다른 방법은, 인상 깊은 사람에게 책을 추천받는 방법이다. 나는 새로운 영역의 권위자나 전문가를 만나면 꼭 책 추천을 부탁한다. 두 가지 이유가 있는데, 새로운 구루를 만날 접점을 찾을 수 있고, 상대방의 깊이를 얼추 가늠해 볼 수 있기 때문이다. 재직 시절 리크루팅 단계에서 주요 지원자들에게 인상 깊게 읽은 책을 물어보았었다. 지원자가 답한 책의 저자를 검색해 보면 지원자에 대한 많은 정보를 얻을 수 있었다. 가치관과 철학, 전문성의 깊이 등등. 오랜 기간 동안 채용 전문가, 면접관으로 살아가면서 사람을 평가하는 데에 이골이 난 내가 터득한 방법이다. 누군가를 만날 때 책 추천을 부탁해 보자. 당신이 책을 즐겨 읽는 사람임을 어필할 수 있을 뿐 아니라, 새로운 영역에서 지식을 습득할 기회가 열릴 것이다.

꼭 읽었으면 하는 추천 필독서 리스트

내가 읽었던 책 중에 독자 여러분이 꼭 읽어보길 바라는 책들이 있다. 뒷광고라고 오해할 수 있겠는데, 광고 의뢰를 받지 않았음을 미리 밝힌다. 순수하게 지금의 나를 빚어낸 주옥같은 책들이다. 절판 여부와 상관없이 리스트를 추려보겠다.

- ☐ **피터 드러커 자기경영노트** (피터 드러커 저)
- ☐ **왜 일하는가?** (이나모리 가즈오 저)
- ☐ **일본전산 이야기** (김성호 저)
- ☐ **부자들의 선택** (토머스 J. 스탠리 저)
- ☐ **매슬로에게 경영을 묻다** (칩 콘리 저)
- ☐ **잭 웰치 - 위대한 승리** (잭 웰치 저)
- ☐ **인재전쟁** (에드 마이클스 저)
- ☐ **베이직 이코노믹스** (토마스 소웰 저)
- ☐ **체크! 체크리스트** (아툴 가완디 저)
- ☐ **무기가 되는 스토리** (도널드 밀러 저)
- ☐ **빨리, 싸게, 멋지게** (마이클 해머 저)
- ☐ **이 땅에 태어나서** (정주영 저)
- ☐ **드러커 100년의 철학** (피터 드러커 저)
- ☐ **드러커의 매니지먼트** (피터 드러커 저)
- ☐ **위대한 전략의 함정** (마이클 레이너 저)
- ☐ **린 스타트업** (애시 모리아 저)
- ☐ **그로스 해킹** (라이언 홀리데이 저)
- ☐ **유능한 관리자** (마커스 버킹엄 저)
- ☐ **전설의 리더 보** (보 스켐베클러, 존 U 베이컨 저)
- ☐ **NEXT HR** (데이브 울리히, 존 양거 외 2명 저)

☐ **부자아빠 가난한 아빠** (로버트 기요사키 저)

☐ **Joy at work** (데니스 W. 바케 저)

☐ **기적의 밥상** (조엘 펄먼 저)

☐ **허브 코헨의 협상의 법칙 I, II** (허브 코헨 저)

☐ **더 골** (엘리 골드렛, 제프 콕스 저)

여러분의 6개월을 책임질 25권의 책이다. 비록 모든 영역을 섭렵하진 못했지만, 독자 여러분에게 도움이 될 만한 책을 추천하기 위해 노력했다.

Chapter 15

롤모델 쉐도잉 (RAF)

새로운 영역의 지식을 습득하는 방법

롤모델 쉐도잉은 내가 새로운 영역에 진출했을 때 첫 번째로 취하는 학습 방식이다. 예전에는 온라인 콘텐츠가 오늘날처럼 풍부하지 않았기 때문에, 내 주변에 있는 사람에게서만 배울 수 있었다. 그래서 누구와 함께 있는지는 곧 나의 경쟁력이 되었다. 주변 사람들과 영향을 주고받는 전형적인 성장 과정이었다.

요즘에는 배움의 기회가 많아졌다. 온라인 세계에 많은 지식이 공유되어 있기 때문이다. 배움을 원한다면 누구나 지식을 습득하고 적용할 수 있는 시대이다. 나는 새로운 영역에 진출할 때 가장 먼저 유튜브부터 찾는다. 누군가는 유튜브가 변별력 없으며 학습에 적절하지 않은 매체라고 말하겠다. 하지만 나는 다르게 생각한다. 유튜브를 통해서 실제적인 돌파를 여러 차례 경험했기 때문이다. 영상을 한 번도 만져본 적 없는 내가 영상 전문가의 도움 없이 유튜브 채널 구독자 35만을 달성했고, 출판 전문가 없이 베스트셀러를 배출한 출판사를 운영 중이다. OKR이라는 경영시스템을 회사에 적용시켰고, 웬만한 인테리어 공사는 직접 시공할 수 있을 정도로 능숙해졌다. 마케팅 전문가나 대행사의 도움 없이도 크라우드 펀딩을 흥행시키는 랜딩 페이지도 만들었다. 영상으로 배우고 실전에 적용시킨 사례를 전부 읊으려면 지면이 한참 필요하다.

수많은 성취를 가능했던 배경에는 RAF라는 나만의 프로세스가 있다. RAF는 Research, Analysis, Focus의 약자인데, 배울만한 대상의 콘텐츠를 전부 기록하고 분석해서 나만의 집중 제목을 찾는 과정이다. 온라인 콘텐츠뿐만 아니라 모든 영역에 적용할 수 있는 프로세스이다. 유튜브를 활용한 학습 방법이 가장 쉽고 보편적이니 예시로 들어보겠다.

1. 배우고자 하는 내용의 핵심 키워드를 검색해서 가장 신뢰할 수 있는 유튜버를 찾는다

입문자 수준에서부터 전문가 단계까지 유튜브에는 다양한 레벨의 학습 내용이 오픈되어 있다. 분야도 다양하다. 의학적 지식, 법률적 지식, 철학적 지식 등.. 유튜브의 광범위한 세계는 이미 조성되었다. 우리의 일은 간단하다. 넓고 깊은 세계에서 배울만한 크리에이터 한 명을 찾으면 된다. 나는 구독자 수와 조회 수라는 누구도 부인할 수 없는 지표를 기준으로 배울 사람을 선택하라고 추천한다. 물론, 나의 철학이나 방법론의 적합성을 고집해 꼭 가장 큰 채널을 고를 필요는 없다. 중요한 포인트는 여러 명이 아닌 한 명을 구독한다는 점이다. 짧은 시간에 효과적으로 학습하기 위해서는 동시에 여러 크리에이터를 보기보다 한 명의 영상만 시청하는 게 적합하다.

지식이나 기술을 배울 때에는 주의할 점이 있다. 영상 제작자의 백그라운드를 반드시 확인해 보아야 한다. 전문적인 이력을 가지고 있는지, 이력의 기간은 오래되었는지 점검해 볼 필요가 있다. 단순히 입담과 영상미로 인기를 끄는 채널들이 종종 있기 때문이다. 다행히도 대부분의 정보성 콘텐츠 채널은 전문성이 높을수록 채널 규모가 큰 경향을 보인다.

유튜브 채널에서 재생목록을 찾아, 주제별로 묶여 있는 영상을 순서대로 정주행한다. 만약 재생목록이 없다면, 동영상 보기로 들어가서 이전 영상부터 차근차근 보기 바란다. 발췌를 할 수도 있지만, 다른 크리에이터로 넘어가지 말고 한 크리에이터를 확실히 학습하는 게 중요하다.

2. 그냥 동영상을 듣고 있으면 안 되고, 나만의 학습 노트를 작성한다

책을 읽듯이 크리에이터가 설명한 핵심 내용과 나의 생각, 적용점을 노트로 정리한다. 이 작업을 콘텐츠 마이닝이라고 하는데, 노션이라는 도구를 사용해 보길 추천한다. 내가 사용해 본 여러 도구 중에 가장 적합했다. 태그 기능과 링크 연결의 용이성, 추적 기능이 특징이다. 노션으로 콘텐츠를 마이닝 할 때, 영상 링크를 걸어두어 나중에 다시 볼 수 있도록 노트를 작성하자.

Aa 이름	참고영상	태그	현상	해결책	주의사항
조리원의 기능과 대체분석	https://youtu.be/xl8sHPAICYU	조리원 신생아	교육기능은 필요, 하지만 오래 있을 곳은 아님	모자동실로 24시간 케어로 준비, 둘째부터는 안와도 될 듯	엄마가 아플 때(수술 등)는 필요할 수 있음
아기가 우는 것을 겁내지 말라	https://youtu.be/D0SHK-E8iXQ	울음 철학	이유 모르게 울 때	필요한 것을 채워주되 육아 방침을 바꾸지마라	
아이가 대장이 아니다 부모가 권위다	https://youtu.be/g6zattGl7F4	철학 떼쓸때	아이가 떼쓸 때	결핍이라는 것을 경험하게 해주라	
손싸개는 두뇌발달에 영향을 줄 수 있다	https://youtu.be/nmwL-PHbKlo	옷	손싸개를 항상 하고 있는 아이	두뇌발달에는 안좋을 수 있다	손톱깍기
녹색변 너무 걱정하지 마라	https://youtu.be/dh6HLomzOjY	생리현상 녹색변	녹색 변	일반적인 현상일 뿐, 결코 문제가 있는 것 아니다. 다만, 주의해야 할 변의 종류는 알고 있을 것 (흰 변, 빨간변, 검은변 등)	
트림은 선택이지만, 사실상 필수다.	https://youtu.be/zwamHuXXqzI	트림 생리현상	트림을 꼭 시켜야 하는가?	가급적 시키고, 토하지 않으면 문제 없다.	
신생아 손톱깍기	https://youtu.be/9QPsuyg2L84	손톱깎기	주 3회 깍아주는 것이 좋다. 손싸개는 꼭 필요한 경우에만 사용. 발톱은 한달에 1번	두 사람이, 목욕 후, 전용가위 혹은 사포로, 수평으로 자르고 끝 다듬어 주기	다치는 경우 파상풍 진단해봐야 함. 부모용과 구분해서 사용. 다쳤다면 바로 소아과로 갈 것. 형에게 손톱깍는거 보여주지 않기.
젖병소독	https://youtu.be/3i-2dcaC60E	젖병 소독	면역력키운다고 안씻는 건 곤란함.	모든 부속을 분해해서 세척. 먹고 난 후 바로 세척이 중요 소독은 끓는 물 5분간 소독	끓는 물은 5분, 멸균 소독제는 2분, 소독도구들도 주 1회 소독해 줄 것. 100일까지는 이렇게 소독해 줄 것

3. 나만의 노하우로 발전시킨다

콘텐츠 마이닝 작업까지는 이제 겨우 무엇을 알아야 하는지, 어떤 것을 해야 하는지 정도를 파악한 수준이라고 보아야 한다. 그 내용을 토대로 적용하면 나에게 맞는 방법과 철학, 기준 등을 정리할 수 있다.

여기서부터 다른 크리에이터의 교육을 학습한다. 나만의 기준과 방식을 어느 정도 성립한 상태라 다른 콘텐츠를 학습해도 근본이 흔들리지 않고, 오히려 폭넓은 적용을 해볼 수 있기 때문이다.

유튜브 콘텐츠로 학습하는 방법을 소개하였다. 동일한 과정을 좋은 책을 콘텐츠 마이닝 하는 데에 적용할 수 있다. 책은 콘텐츠 베이스다. 핵심 내용만 담겨있기 때문에 콘텐츠 마이닝이 더 쉽고 유용하다. 무언가를 배우고 따라 해야 한다면, 꼭 콘텐츠 마이닝을 해보자.

책 콘텐츠 마이닝 예시

Aa Name	page	큐레이션 가이드	키워드
창조경영, 창의성, 아이디어에 대한 올바른 해석	p.106	회사에서 원하는 인재상	창의력 아이디어 문제해결력
일에 대한 올바른 인식 vs 시간제 근무 방식	p.107	회사에서 원하는 인재상	몰입 열정 도전 문제해결력
커리어에 대한 관점	p.113~114	회사에서 원하는 인재상	꿈 자기개발 자기관리
하나를 보면 열을 알 수 있다.	p.120	회사에서 원하는 인재상	기본기 자기관리 매너
진정한 학습력이란 무엇인가?	p.126	회사에서 원하는 인재상	학습력 성장 실력 자기개발
자기개발에 대한 관점	p.130	회사에서 원하는 인재상	자기개발 자세 마인드셋
상사의 피드백에 대한 관점	p.139	회사에서 원하는 인재상	배우려는자세 태도 마인드셋
발전지향인가 안전지향인가	p.166	회사를 보는 방법	도전 배우려는자세 기업분석
가점주의 기업 확인방법	p.171	회사를 보는 관점	기업분석
나태한 잉어 습관	p.179	회사가 원하는 인재상	실력 열정 도전
반면교사 삼는 방법	p.180	회사가 원하는 인재상	열정 강점 태도

우리가 살아가는 시대에는, 다른 시대에 비해, 적은 돈으로 쉽게 가르침을 얻을 수 있다. 시대를 누려보라. 누구나 랜선 티처와 랜선 멘토를 구할 수 있다. 굳이 돈을 쓴다면, 장비에 대한 투자나 동기부여를 위한 모임 정도에 지출될 것이다.

배울만한 누군가를 복사하는 방법

나는 이 RAF의 원리를 사람에게 대입해 보았다. 함께 일하며 매일 보는 사람들에게 배울 점을 찾았다. 당신이 재직 중인 회사에 롤모델로 삼을 만한 인물이 있다면 당신은 정말 축복받은 사람이다. 롤모델이 없더라도, 다른 이에게 무조건 배울 점을 찾아보라. 동기나 친구에게도 배울 수 있는 요소들이 있다.

배운이	타이틀	일시	내용	적용
동료A	금융지식	0/0	A가 가진 금융지식은 스스로 공부한 것, 워렌버핏의 책을 통해 분석/공부하는 습관	경영서적 더욱 접해서 미리 학습 초석 다지기 쉽게 풀어놓은 것들을 공부하자
동료A	생각 관점	0/0	A와 나와의 회사에 대한 태도 차이 발견 A는 회사에 기여할 수 있는 부분 찾고있고, 나는 회사에서 배울수 있는 것을 찾고있었음 수준차이가 있었다.	내가 기여할 수 있는 부분 찾아보자 (문화/업무적인 측면)
동료A	경영분석	0/0	직접 투자를 해보면 기업의 가치와 경영 신서도를 바로 알 수 있을 정도로 꿰뚫어 보는 눈이 생김. 여러가지 학습과 동시에 소액이라도 직접 투자 해보는 것이 가장 빨리 배울 수 있음	1. 격월로 월급 10% 투자하여 공부(연 6회) 2. 성장율과 수익성의 정확도 어떻게 보았는지에 대해서 피드백 해보고 진행하도록 한다.
동료B	정보공유	0/0	S기업에 전화하여 담당자에게 궁금한 사항에 직접 묻고 정보를 얻었다.	외부 기업의 인프라 확보하기 위해 노력
상사	의사결정	0/0	공채 평판확인 관련 체크리스트 완성 과정에서 본인이 직접 결정하고 알려주는것이 아니라, 함께 의논해봐야 할 내용을 가지고 팀원들의 동의를 구함. 작은 것 하나까지도 실무자의 의견을 구할 때 진행이 더욱 빨랐다.	방향만 정해놓고 사람들의 의견을 통해 의사결정을 하자. 많은 팀원들이 함께 고민해서 결정하길 원하고 있다.
			⋮	

학습노트 예시

나는 틈나는 대로 인상 깊었던 사람과 책, 상사의 행동에 대해 하나하나 분석했다. 교훈과 적용점을 찾기 위해 관찰했고 기록했다. 기록 결과를 내 삶에 하나씩 대입하면서 교훈을 내 것으로 소화하는 데에 충분한 의미를 찾을 수 있었다.

학습 노트를 작성할 만한 대상이 없는 경우도 있다. 그럴 때는 반면교사 노트를 작성해 보자. 나는 배울 사람이 없는 상황도 학습의 기회로 활용하기 위해 반면교사 노트를 작성했다.

의지적으로 성장하지 않는 사람은 보고 배운 대로 하게 되어 있다. 직장인들은 흔히 상사를 배움의 대상으로 삼는다. 배우고 싶은 상사를 내가 직접 고르면 좋겠지만, 아쉽게도 우리에게는 상사를 택할 권리는 없다. 내가 작성했던 반면교사 노트를 찾을 수 없었지만, 당시에 내가 사용했던 양식을 첨부한다. 반면교사 노트를 쓸 수밖에 없는 상황이라면 사용해 보기 바란다.

순번	일시	반면교사	교사가 저지른 실수	나라면 어떻게 할 것인가?	절대 잊어선 안 되는 것
예시	1/15	이형	본부장님이 강조하신 내용인데 중간보고 누락했다가 경질당함	보고의 포인트와 타이밍을 사전에 컨펌받겠다.	의사소통은 타이밍
1	2/1	K님	보고서에 숫자 잘못 기입해서 미팅 때 혼남	보고서 숫자는 무조건 크로스 체크 받겠다	숫자는 정확도가 핵심
2	2/20	L님	팀원에게 업무지시 명확하게 하지 않아서 PJ 딜레이됨	팀원이 제대로 업무지시 이해했는지 확인하겠다	업무지시 할 때는 상대방 이해여부 체크
			⋮		

반면교사 노트 양식

내 경험상 반면교사 노트는 리더십을 학습할 때 빛을 발한다. 상사가 하는 실수나, 아쉬운 점을 보고 나라면 어떻게 했을지 비교해 보고, 리더의 자리에 올랐을 때를 시뮬레이션하는 데에 큰 도움이 된다. 28살이라는 어린 나이에 그룹 교육팀장을 맡고, 나보다 나이 많은 팀원들과 함께 새로운 일에 도전할 수 있었던 배경에는 바로 이 반면교사 노트가 있었다. 학습과 성장의 주체는 자기 스스로가 되어야 한다. 회사의 교육체계가 있거나, 좋은 상사가 있어야지만 성장할 수 있다고 하는데, 이는 자기계발이나 성장에 대한 올바른 접근법이 아니다. 우리는 언제나, 어떤 상황에서든 성장할 수 있다.

Chapter 16

감사일기 쓰기

자주 받는 질문이 있다. 어떻게 그렇게 지치지 않고 달릴 수 있냐고. 나에게는 두 가지 무기가 있다. 한 가지는 앞서 언급한 목표와 방향성이다. 목표와 방향성이 분명하다면 앞으로 달려갈 원동력이 생기고, 성취에 대한 분명한 기준을 가질 수 있다. 그러나 이것만으로는 부족하다. 자칫하면 삶이 피폐해지고, 딱딱해질 수 있다. 두 번째 무기는 첫 번째 무기의 취약점을 보완해 준다. 이른 봄비처럼 내 삶을 촉촉하게 적셔주는 감사일기이다. 초등학교 과제처럼 유치해 보일지 모른다. 하지만 감사일기를 통해 내가 얻은 유익은 절대로 유치하지 않다.

앞서 피드백의 중요성을 여러 관점으로 살펴보았다. 피드백의 근본적인 속성은 돌아보는 것이다. 지나온 시간을 돌아보면, 나를 피드백하게 되고 지금 나의 위치를 다시 생각하게 된다. 물론, 돌아보는 과정이 언제나 유쾌하지는 않다. 후회와 탄식이 섞인 힘들고 괴로운 시간이 될 수도 있다. 다행스럽게도 감사라는 안경은 피드백의 고통을 경감시켜준다. 감사의 렌즈를 끼고 돌아보면 내가 놓쳤던 풍성한 마음을 얻게 된다.

어떻게든 감사할 거리를 찾아내는 게 감사일기의 핵심이다. 일기에 거창한 내용을 쓰지 않아도 괜찮다. 몇 가지라도 감사의 요소를 찾아 적는 게 중요하다. 나는 자기 전에 2~3가지의 감사 요인을 꼭 찾는다. 노트를 펼쳐놓고, 하루의 시간을 돌아보면서 감사할 수 있는 포인트를 다시 생각해 본다. 누군가를 만났을 때 얻은 인사이트, 이전에 몰랐던 사실을 깨달은 순간(비록 큰 리스크나 문제 요인이라 할지라도), 새로운 시도 등. 작은 순간일지라도 내 삶이 본 궤도에서 벗어난 지점들을 돌이켜 본다. 궤도를 벗어났다는 말은 통상 부정적으로 쓰인다. 하지만 감사의 관점으로 돌이켜 보면 새로운 의미를 발견할 수 있다. 궤도를 벗어남으로써 새로운 궤도를 구축해 한층 성장하게 되고, 기존의 궤도에 안주하게 되는 위험을 회피하게 된다.

결국 우리 삶은 스스로의 해석에 의해 좌지우지된다. 내 눈에 비친 오늘 하루가 스트레스와 짜증으로 점철되어 있어도, 감사의 렌즈는 내가 놓치고 있던 사실들을 다시금 깨닫게 해 준다. 그리고 나에게 무한한 긍정을 선사해 준다.

감사일기가 너무 뜻깊어, 감사의 대상과 내용을 피드백해 본 적이 있다. 감사일기를 쓰는 것조차 감사해져서, 내가 정말 감사를 표해야 할 대상이 누군지 궁금해졌다. 내가 감사하는 대상을 구체화할 수 있다면 더 의도적으로 감사하며 살 수 있을 것 같았다. 분류를 시작하자 마땅히 감사해야 함에도 감사하지 않는 사례가 어떤 유형에서 자주 반복되는지 파악할 수 있었다. 감사의 내용을 구분해 보니, 결국 내 생각에 대한 감사가 주류를 이룰 수 있음을 알 수 있었다.

12월 총 감사제목 수 : 301개

순위	구분	횟수	비율
1	혼	189	62%
2	육	64	21%
3	영	48	16%

감사하기 어려운가? 도저히 감사할 수 없는 상황에 처했는가? 그렇다면 환경이 개선되면 저절로 감사하게 될까? 절대 그렇지 않다. 감사는 주관적인 인식이다. 감사할수록 감사 요인을 더 쉽게 발견한다. 환경을 바꾸기는 어려워도, 나의 생각과 나의 관점을 감사로 바꿀 수 있다. 감사의 안경을 쓰고 감사일기를 작성해 보자. 감사일기를 쓰기 시작한 순간이 일기장에 첫 감사 제목으로 적힐 것이다. 다음 표는 내가 감사 제목을 작성했던 구체적인 내용들을 분류해 본 것이다.

(예시1) 감사 영역 구분

순위	구분	횟수	비율
1	감사	23	8%
2	교제	23	8%
3	과업	22	7%
	⋮		
8	휴식	8	3%
9	식사	7	3%
	⋮		

(예시2) 감사 대상 구분

순위	구분	횟수	비율
1	하나님	20	41%
2	아버지	7	14%
3	와이프	6	12%
	⋮		
8	친구A	1	2%
9	동생	1	2%
	⋮		

(예시1) 가장 상위에 있는 항목이 감사 그 자체에 대한 감사이다. 두 번째는 누군가와의 만남 혹은 대화에 대한 감사이다. 업무도 감사 제목이 되며, 맛있는 식사와 아이패드 같은 도구의 새로운 사용법을 알게 된 순간도 감사의 순간이 될 수 있다.

(예시2) 감사의 대상별로 감사 횟수를 분류해 보았다. 감사를 표현해야 할 사람에게, 잊지 않고 감사의 마음을 전하기 위해서 표로 기록해 보았다. 아래 표가 분류한 표이다. 분류를 마친 뒤, 감사를 전할 수 있는 대상자에게 '어떤 이유로, 언제 감사했다'는 내용의 편지와 선물을 전달드렸다. 감사의 마음을 표현하는 시간은 나에게 더 큰 감사함으로 되돌아왔다. 여러분도 꼭 한번 시도해 보기를 바란다.

감사일기는 우리의 삶을 풍요롭게 만들어 준다. 동시에 겸손하고, 깊은 사람이 되도록 성숙시킨다. 아주 단순한 고백적 기록으로 당신의 삶을 변화시킬 수 있다.

Chapter 17

건강한 몸 유지하기

균형 있는 목표설정과 피드백이 중요하다고 기술했다. 내가 달성하기 가장 어려웠던 목표는 운동하기였다. 체대 출신임에도 불구하고, 운동이 가장 힘들었다. 운동 그 자체가 힘들기보다, 운동하는 시간을 확보하는 게 힘들었다. 많은 직장인이 비슷한 고충을 느낄 것이다.

특히 회사 생활에 열심인 젊은 직장인일수록 시간이 부족하여 운동을 미루기 쉽다. 이번 챕터에서는 내가 도전했고, 효과를 보았던 몇 가지 건강관리 방법을 소개하고자 한다.

1. 자전거 출퇴근

쉬운 방법은 아니다. 특히 사전 준비과정이 복잡하기 때문에 몇몇 여성분들에게는 실현 불가능할 수 있다. 그럼에도 불구하고 중요한 교훈이 있기 때문에 소개해 본다.

나는 하루 평균 2시간을 출퇴근으로 소모하였다. 출퇴근 수단으로 지옥철과 버스를 자주 이용했는데, 늦잠이라도 자는 날에는 헬스장에서 뛰었던 러닝머신보다 훨씬 빠른 속도로 전력 질주해야 했다. 마음은 급하고 땀은 비 오늣 쏟아지고 그 와중에 졸리고, 답답한 상황이 반복되었다. 답답함을 피할 수 있는 대체 수단이 없을까?

업무는 항상 내 삶을 지배했다. 일에 밀려난 수면은 언제나 부족했다. 잠은 양보해도 양보하지 못하는 한 가지가 있었다. 운동이다. 나는 체질상 운동을 못하면 좀이 쑤신다. 수면 시간도 부족한데 운동은 어떻게든 해야만 했다. 그래서 내 삶에서 절대 뺄 수 없는 시간이지만, 집중이 필요 없는 시간, 매일 2시간씩 소모하는 출퇴근 시간을 활용하기로 결심했다.

지옥철과 버스 대신 자전거라는 대체 수단을 선택했다. 회사가 근거리에 위치했다면 당연히 걸어 다녔겠으나, 안타깝게도 직선거리 17km, 완만하게 둘러 갈 경우 33km의 거리는 절대 도보로 왕복할 수 없다. 처음에는 가벼운 마음으로 시작했는데, 지속해 보니 운동을 넘어서는 쾌감을 느낄 수 있다. 자전거로 출퇴근할 때마다, 스스로에 대한 뿌듯함을 느낄 수 있었다.

비가 오거나 눈이 오는 날에는 다른 출근 수단을 찾아야 하는 번거로움이 있지만, 어차피 사용해야 할 시간에 운동까지 겸할 수 있는 자전거 출퇴근은 나에게 너무나 훌륭했다.

한 정거장을 걸어가거나, 계단을 걸어 다니는 등 어쩔 수 없는 시간을 운동과 함께하는 아이디어를 찾아보자.

2. 회사 사람들과 운동 동호회

많은 시간을 직장에 할애하는 나에게, 회사 사람들과 함께하는 운동보다 좋은 운동법은 없었다. 사실 많은 직원이 운동에 대한 갈증을 느끼고 있었다. 그들을 모아 동호회를 조직했다. 배드민턴, 러닝, 자전거, 인라인스케이트, 걷기, 탁구, 수영 등등. 종목과 방법을 바꿔가면서 남녀노소 모두 참여할 수 있는 운동으로 동호회를 운영했다. 회사의 지원도 받아 가며 유니폼이나 간단한 장비 등을 구비하는 맛도 쏠쏠했다. 그럼에도 지속이 쉽지 않았지만, 마음 맞는 사람끼리 한두 명이라도 모여 같이 운동했다.

언제는 나는 함께 운동하자는 아젠다를 직원들에게 던졌고, 필요한 지원을 회사에 요청했다. 회사는 직원들의 건강관리와 동호회 모임에 긍정적이었다. 동호회를 운영해 보니, 회사의 지원보다 더 중요한 게 있음을 깨달았다. 바로 수금이다. 일단 회비를 걷으면, 본전 생각이 난

회원들이 동호회 활동에 참여하게 된다. 참여한 사람들과는 맛있는 음식을 먹고, 좋은 장비를 나눠 갖는다. 참여하지 않은 사람들은 동호회의 든든한 후원자로 우대해 주니, 생각보다 합리적으로 운영될 수 있었다. 오랜 시간 동안 함께 있는 사람들과 운동해 보라. 매번 동일한 멤버로 모일 수는 없어도 새로운 사람들과 운동하려는 시도는 지속할 수 있다.

3. 채식

나의 건강 유지에 가장 큰 효과를 주었던 방법은 채식이었다. 다이어트 원리는 아주 간단하다. 적게 먹거나, 많이 운동하거나. 전자의 경우, 회사 생활을 하다 보면 식당 밥을 먹으니 적게 먹기 쉽지 않다. 후자의 경우, 업무로 인해 운동시간 확보 자체가 어려웠다. 차선책으로 식단에 변화를 주어야겠다고 생각했다. 마침 회장님의 추천 도서였던 '기적의 밥상'이라는 책을 접하게 되었는데, 책을 읽고 나의 다이어트는 획기적으로 진전하였다.

이 책의 핵심 개념은 적게 먹는 다이어트를 하지 말고 배 터지게 채소를 먹으라는 내용이었다. 저명한 미국 의사가 자신의 연구와 논문을 바탕으로 집필한 책이었는데, 식습관에 대한 새로운 관점을 배울 수 있었다. 책을 통해 6주간의 식단과 방법, 원칙을 배웠다. 처음에는 가르침을 따르기 어려웠지만 배 터지게 먹을 수 있다는 기쁨은 채식의 어려움을 극복하게 도와주었다.

이 책에서 제안한 원칙 중 가장 인상 깊었던 가르침을 소개해 보겠다.

1. 녹색 채소 중심으로 식사를 할 것
2. 아침에는 과일식, 점심/저녁은 채식하되 소량의 육식은 허용
3. 채식으로 한 번에 300g 이상 먹고, 하루 동안 총량 500g을 섭취
4. 6주간 엄격히 지키고, 그 이후에는 제한적인 일반식으로 돌아간다.

위의 원칙을 충실히 따라보니, 2주 만에 6kg을 뺄 수 있었다. 바지를 다시 사야 할 정도로 몸무게가 급격히 빠졌다. 주변에서 아픈 게 아니냐는 걱정을 하도 많이 해서 어쩔 수 없이 관리를 중단할 정도였다. 지금도 건강한 식습관이나 다이어트가 필요할 때가 오면 적극적인 채식을 시도한다. 정기적인 채식은 손쉬운 건강관리 방법이다.

건강을 관리할 때 최우선으로 삼아야 하는 목표는 '나만의 건강 유지 방법 찾기'이다. 스스로 찾아내야만 한다. 나는 건강과 관련된 시간, 지출, 인바디 측정 결과를 전부 기록한다. 수년이 지나도 나의 건강을 지표로 관리하고 있고, 임계치에 다다른 순간 여지없이 채식 식단으로 회귀한다. 여러분의 건강 유지 노하우는 무엇인가? 누군가에게 자극을 줄 수 있을 날을 기대하며 당신만의 방법을 찾기 바란다.

outro

세월을 아끼라, 때가 악하니라

90년대까지만 해도 주 5일 근무제는 파격적인 제도였다. 주 5일 근무제를 논하기 시작하자 한국의 모든 회사는 부도를 걱정했다. 낯설고 충격적인 변화였다. 지금은 어떠한가? 주 52시간 근무제, 주 4일 근무제, 심지어는 주 3일 근무제까지. 사회는 적게 근무하는 방안을 논하고 있다.

분명히 회사에서 일하는 시간은 줄어드는데, 우리는 점점 더 피곤하고 바빠졌다. 도대체 이유가 뭘까? 직장 때문에? 앞서 말했지만, 직장에서 일하는 시간은 줄어들고 있다.

나는 우리의 삶을 '갈취'하는 세력이 존재한다고 생각한다. 미디어, 메타버스와 같은 새로운 기술, 아무런 개선과 적용점도 없는 불필요한 교육, 무익한 만남들. 아마도 더 많은 시스템과 새로운 기술들이 등장해 우리의 시선을 빼앗을 테고, 혼란스럽게 만드는 프로그램이나 콘텐츠들이 우리의 시간을 '갈취'할 것이다.

문제는 갈취 세력이 언제 어디서나 존재한다는 사실이다. 아무리 돈으로 시간을 사고, 시스템으로 절약해도, 갈취 세력에게 시간을 도둑맞을 위험은 사라지지 않는다. 그래서 시간은 중요하다. 당신의 시간은 당신을 무엇이라 증명하는가. 어떤 목표를 향해 달려가는 사람이라고 증언하는가? 갈취 세력에게 시간을 빼앗겨 쫓기듯 살고 있진 않은가? 내 시간을 지키려면, 목적과 목표를 분명히 하고, 흔들리지 않는 체계를 만들어 나가야 한다.

시간을 관리하는 사람이 무능해지기란 어려운 일이다. 시간을 관리할수록 능률도 올라가고, 프로젝트 전반을 효과적으로 관리하는 PM으로서의 능력도 커지기 마련이다. 잊지 말자. 시간관리 없이 가능한 일은 없다. 탁월한 사람으로 성장하는 데에 시간을 사용하라.

모든 커리어의 최종 목표는 리더십이다. 스페셜리스트를 꿈꾸는가? 스페셜리스트로 성장하라. 동시에 다른 스페셜리스트를 관리하는 리더십을 준비하라.

어떤 이는 이렇게 생각한다. "나는 다른 사람을 관리하는 리더십이나 직책을 맡는 일 따위에는 큰 관심이 없다. 그냥 돈 받는 만큼만 일하고, 시키는 일만 하다가 퇴근 후에 편안한 삶을 살고 싶다." 개인마다 중요하게 여기는 가치가 다르고 삶의 방향성이 다르기 때문에, 맞다 틀리다를 논하고 싶지 않다. 그러나 위와 같은 생각은 당신의 커리어를 포기하는 선택임을 인지하길 바란다.

리더는 타인에게 영향을 끼치는 사람이다. 더 큰 영향력을 위한 끝없는 성장이 리더의 의무이자 책임이다. 그런데 오늘 하루를 관리하지 못하는 사람이, 과연 다른 사람들에게 영향을 미칠 수 있을까? 오늘의 시간관리(Focus)는 다른 이들에게 영향을 끼치기 위한 준비과정이다.

나는 다른 사람을 위해 시간을 사용하라고 권면 하고 싶다. 나 자신에서 시작해서, 다른 사람을 위한 삶이 되도록 시간을 설계해 보라. 이전에는 경험하지 못했던 새로운 차원을 경험하게 될 것이다.

타인에게 시간을 사용하는 행위는 나의 생명을 내어주는 일이다. 너무 거창하게 들리는가? 생각해 보자. 생명이 다하는 순간은 결국 시간이 다하는 지점이다. 우리는 지금도 성실하게 죽음을 향해서 달려간다. 시간이라는 측면에서 말이다. 안타깝게도 이 땅에서의 생명은 영원하지 않다. 그래서 우리가 무심코 흘려버린 시간들, 또는 불필요한 곳에 에너지를 소모했던 모든 찰나들은 사실 이 세상에서 가장 비싼 자원이다. 스스로를 위해 시간을 관리하라. 이를 통해, 가장 소중한 곳에 당신의 생명, 즉 시간을 드려라.

무엇이 가장 소중한가?

무엇을 위해 사는가?

무엇이 내 삶을 이끄는가?

위의 질문을 끊임없이 마주 하라. 물음이 당신을 집요하게 괴롭히고 고뇌하도록 내버려 두라. 괴로움 속에서 마침내 답을 찾을 때 그리고 그 답을 따라 살 때, 내면에서부터 서서히 차오르는 확신을 느낄 수 있을 것이다. 선택을 주저하지 않는 진정한 가치 중심의 삶은 이때부터 시작된다.

이 책을 읽은 여러분 모두의 삶에 가치가 풍성히 넘치길 기도하며 이 책을 마친다.

포커스 (FOCUS)

초판 1쇄 인쇄	2022년 02월 11일
1판 3쇄 발행	2023년 05월 09일

지은이	이준희
출판사	(주)NRD3
출판 브랜드	Alivebooks
주소	경기 과천시 양지마을4로 4-1
이메일	official@alivecommunity.co.kr

기획 및 책임 편집 | 유혜련

교정·교열 | 김창대

디자인 | 강해진